中等职业学校财经类专业课规划教材

U0648642

涉税业务办理

SHESHUI YEWU BANLI

（第二版）

陈 琰 主 编

东北财经大学出版社
Dongbei University of Finance & Economics Press
大连

图书在版编目（CIP）数据

涉税业务办理 / 陈琰主编． —2版． —大连：东北财经大学出版社，2017.9
（2018.12重印）
（中等职业学校财经类专业课规划教材）
ISBN 978-7-5654-2922-4

Ⅰ．涉…　Ⅱ．陈…　Ⅲ．企业管理–税收管理–中国–中等专业学校–
教材　Ⅳ．F812.423

中国版本图书馆CIP数据核字（2017）第217930号

东北财经大学出版社出版
（大连市黑石礁尖山街217号　邮政编码　116025）
网　　　址：http：//www.dufep.cn
读者信箱：dufep@dufe.edu.cn

大连美跃彩色印刷有限公司印刷　　东北财经大学出版社发行

幅面尺寸：185mm×260mm　　　字数：269千字　　　印张：11.5
2017年9月第2版　　　　　　　　　2018年12月第7次印刷

责任编辑：周　欢　曲以欢　　责任校对：那　欣　魏　巍
　　　　　李　栋　　　　　　　　　　　郭海雷
封面设计：张智波　　　　　　　版式设计：钟福建

定价：29.00元

教学支持　售后服务　　联系电话：（0411）84710309
版权所有　侵权必究　　举报电话：（0411）84710523
如有印装质量问题，请联系营销部：（0411）84710711

第二版前言

本书是根据教育部《中等职业学校专业教学标准（试行）财经商贸类（第二辑）》中的"会计专业教学标准"、山东省《中等职业学校会计专业教学指导方案》、山东省春季高考考试的相关要求和说明以及我国现行的税收法律法规等编写而成的。在内容上融入了我国最新的税收政策，并立足于中小企业涉税业务，以工作任务和办税能力为主线，对常见的税费计算与申报进行了详细阐述，是一本以项目为载体、以科学的行动过程呈现项目、由实践整合理论的"理论与实践一体化"的项目化教材。

本书的编写主要体现了以下特点：

1. 够用实用。针对中等职业学校开设课程的学时和中等职业学校学生的认知规律，我们在内容设置上减少理论知识讲授，力求做到"应知应会"与"实用必需"相结合，注重理论与实践的紧密衔接和实践技能的培养。

2. 时效新颖。本书在编写过程中搜集和参考了最新的税收法律法规制度，融新知识、新内容和新法规于一体，其中包括我国全面实行营改增后的新内容，有利于学生对今后一定时期我国税制改革的热点进行必要的关注和探究，力求使本书具有前瞻性、科学性、准确性和稳定性。

3. 知能结合。本书涵盖了涉税业务办理较完整的知识体系和实践内容，编写体例上有所创新，设置了"项目导学""项目描述""项目分析"等专栏，在每个项目中又设置了"任务""情境导入""知识链接""想一想""请注意"等模块。通过这样的编排能够激发学生的学习兴趣，既有利于拓宽学生的知识面、引导学生正确地进行职业角色定位，又可以增强学生的认知能力和分析解决问题的能力，切实落实"做中学"的职业教育理念。

4. 标准对接。书中内容在难易和宽泛程度上注重与会计岗位和职业标准对接，为学生提供"实用必需"的涉税知识，也能为学生今后的职业资格考试奠定较扎实的专业基础。

5. 理实一体。书中每个项目设置任务驱动环节，通过情境导入，使学生在学习时带着"任务"进入课堂，引导学生积极主动地探索学习，这是本书的创新独到之处。

本书共有八个项目，可安排72课时。具体课时分配建议如下表：

课时分配表

项目	项目内容	参考课时	备注
一	税收基础知识	4课时	
二	增值税	16课时	实训8课时
三	消费税	12课时	实训6课时
四	关税	4课时	实训2课时
五	企业所得税	16课时	实训8课时
六	个人所得税	12课时	实训6课时
七	其他税种	6课时	实训8课时
八	税收征收管理法律制度	2课时	
合计		72课时	38课时

　　本书由陈琰任主编，房华、王希军任副主编。参与编写的人员还有孙新华、周茂建、赵熠。具体编写分工如下：陈琰编写项目一、项目六；孙新华编写项目二；王希军编写项目三、项目四；房华编写项目五；周茂建编写项目七中的任务一、任务二、任务三、任务四以及项目八；赵熠编写项目七中的任务五、任务六、任务七。全书由陈琰负责统稿。本书每个项目后的"思考题"和"实训题"都附有参考答案，使用者可登录东北财经大学出版社网站(www.dufep.cn)查询或下载。同时，为满足辅助教学和强化实训的需要，还配套编写了《涉税业务办理——导学与实训》（第二版）一书，供老师和学生使用。

　　在本书的编写过程中，青岛华夏职业学校、烟台理工学校、济南商贸学校给予了大力支持，同时还得到了青岛安邦代理记账事务所有限公司、青岛中海润新材料有限公司、山东省莱州市盛信会计咨询服务有限公司，以及省、市国家税务局和地方税务局等单位的校企合作支持，在此一并表示感谢!

　　本书既可作为中等职业学校财经类专业的主干课程教材，也可作为在职人员的岗位培训教材、各类纳税人员的参考用书和工作指南。

　　由于时间和水平有限，书中难免有疏漏和不足之处，敬请同行及读者不吝赐教。

编　者

2017 年 6 月

目　录

项目一
税收基础知识

项目导学

本项目的学习任务主要有税收的概念、特征、职能，税收的构成要素及其内涵，我国现行的主要税种、税法体系和税收征管范围。通过本项目的学习，要求：

◆ 理解税收的概念、特征、职能；
◆ 掌握税收的构成要素；
◆ 明确我国现行税法体系和税收征管范围。

项目描述

税收是国家为满足社会公共需要，凭借政治权力，按照法律所规定的标准和程序，参与国民收入分配，强制地、无偿地取得财政收入的一种特定分配方式。税收具有强制性、无偿性和固定性三个明显的特征。

税收制度是国家以法律形式规定的各种税收法律、法规的总称。税收的构成要素一般包括纳税义务人、征税对象、税目、税率、纳税环节、纳税期限、纳税地点、减免税、法律责任等项目。

我国现行税法体系由税收实体法和税收征收管理的程序法共同构成。就实体法而言，我国的现行税制按征税对象的性质不同，可分为相应的五大类，即流转税或商品和劳务税、所得税、财产税、资源税和特定目的税。

项目分析

税收的特征、职能作用和税收的构成要素是本项目的重点和难点。在税收的构成要素中，纳税义务人、征税对象、税率属于基本要素，也是界定不同税种应纳税额计算的核心要素；税法体系和税收征管范围旨在从宏观角度，为学生介绍我国现行税制的主要税种构成和税收征管机关，需要学生了解并能区分不同税种及其对应的征税机关。

任务一   认识税收

情境导入

小张同学是一名会计专业的学生，毕业前经学校推荐，他来到某税务代理公司实习。为了能够尽快适应工作，小张同学提前查阅了与税收相关的知识，熟悉税收的概念、特征、职能作用，为进一步办理涉税业务做好铺垫。

1.税收的概念

税收是国家为满足社会公共需要，凭借政治权力，按照法律所规定的标准和程序，参与国民收入分配，强制地、无偿地取得财政收入的一种特定分配方式。

税收是国家财政收入最主要的来源，它体现了国家与纳税人在征收、纳税的利益分配上的一种特殊关系，是一定社会制度下的一种特定分配关系。

2.税收的特征

税收具有区别于其他财政收入形式的三个特征，即强制性、无偿性和固定性，这三个特征是一个完整的体系，它们相辅相成、缺一不可。

（1）强制性。

强制性是指国家以社会管理者的身份，凭借政治权力，通过颁布法律或政令来进行强制征收税款。我国宪法明确规定我国公民有依照法律纳税的义务。负有纳税义务的社会集团和社会成员，都必须遵守国家强制性的税收法令，在国家税法规定的限度内，纳税人必须依法纳税，否则就要受到法律的制裁，这是税收具有法律地位的体现。

（2）无偿性。

无偿性是指国家征税后，纳税人所缴的税款转归国家所有，由财政统一分配，而不直接向具体纳税人支付任何报酬或代价。

> **想一想** 政府使用税款的主要目的是什么？

无偿性体现在两个方面：一方面是指政府获得税收收入后无需向纳税人直接支付任何报酬；另一方面是指政府征得的税收收入不再直接返还给纳税人。

政府使用税款的目的是向社会全体成员包括具体纳税人提供社会需要的公共产品和公共服务。因此，税收的无偿性表现为个体的无偿性、整体的有偿性。

（3）固定性。

固定性是指国家征税预先规定了统一的征税标准，包括纳税人、征税对象、税率、纳税期限、纳税地点等。

> **请注意** 无偿性是税收这种特殊分配手段本质的体现，强制性是实现税收无偿征收的保证，固定性是无偿性和强制性的必然要求。三者相互配合，保证了政府财政收入的稳定。

这些标准一经确定，在一定时间内是相对稳定的，既要求纳税人必须按税法规定的标准缴纳税额，也要求征税机关只能按税法规定的标准对纳税人征税，双方必须共同遵守，任何单位或个人不得随意更改。

3. 税收的职能

税收的职能是指税收所具有的内在功能，税收职能作用则是税收职能在一定条件下的具体体现。税收的职能作用主要表现在：

（1）税收是财政收入的主要来源。

组织财政收入是税收的基本职能。税收具有强制性、无偿性、固定性的特点，筹集财政收入稳定可靠。税收的这种特点，使其成为世界各国政府组织财政收入的基本形式。目前，我国税收已占国家财政收入的90%以上。

（2）税收是调控经济运行的重要手段。

经济决定税收，税收反作用于经济。税收作为经济杠杆，通过增税与减免税等手段来影响社会成员的经济利益，引导企业、个人的经济行为，对资源配置和社会经济发展产生影响，从而达到调控宏观经济运行的目的。政府运用税收手段，既可以调节宏观经济总量，也可以调节经济结构。

（3）税收是调节收入分配的重要工具。

从总体来说，税收作为国家参与国民收入分配最主要、最规范的形式，规范着政府、企业和个人之间的分配关系。从不同税种的功能来看，其在分配领域发挥着不同的作用。如个人所得税实行超额累进税率，具有高收入者适用高税率、低收入者适用低税率或不征税的特点，有助于调节个人收入分配，促进社会公平；消费税对特定的消费品征税，能达到调节收入分配和引导消费的目的。

（4）税收还具有监督经济活动的作用。

税收涉及社会生产、流通、分配、消费各个领域，能够综合反映国家经济运行的质量和效率。既可以通过税收收入的增减及税源的变化，及时掌握宏观经济的发展变化趋势，也可以在税收征管活动中了解微观经济状况，发现并纠正纳税人在生产经营及财务管理中存在的问题，从而促进国民经济持续健康地发展，因而税收还具有维护国家权益的作用。

> **请注意** 我国社会主义制度下，国家、集体和个人之间的根本利益是一致的，税收的本质是"取之于民，用之于民"。

@ 知识链接

税收的重要性

马克思指出："赋税是政府机器的经济基础，而不是其他任何东西。""国家存在的经济体现就是捐税。"恩格斯在《家庭、私有制和国家起源》中指出："为了维持这种公共权力，就需要公民缴纳费用——捐税。"19世纪，美国法官霍尔姆斯说："税收是我们为文明社会付出的代价。"这些都说明了税收对于国家经济和社会文明的重要作用。

税收与行政规费的区别

与税收规范筹集财政收入的形式不同，"费"是政府有关部门为单位和居民个人提供特定的服务，或赋予某种权利而向直接受益者收取的代价。税和费的区别主要表现在以下几个方面：

（1）主体不同。税收的收取主体是国家，税收管理的主体是代表国家的税务机关、海关或财政部门；而费的收取主体多是行政事业单位、行业主管部门等。

（2）特征不同。税收具有无偿性，纳税人缴纳的税收与国家提供的公共产品和服务之间不具有对称性；费则通常具有补偿性，主要用于成本补偿的需要，特定的费与特定的服务往往具有对称性。税收具有稳定性；而费则具有灵活性。税法一经制定对全国具有统一效力，并相对稳定；费的收取一般由不同部门、不同地区根据实际情况灵活确定。

（3）用途不同。税收收入由国家预算统一安排使用，用于社会公共需要支出；而费一般具有专款专用的性质。

任务二　　　　认知税收的构成要素

情境导入

　　　　小张同学通过学习，已经明确了税收的概念、特征和职能。小张的师傅告诉他：一个国家为了有效取得财政收入或调节社会经济活动，必须设置一定数量的税种，并规定每种税的征收和缴纳办法，包括对什么征税、向谁征税、征多少税以及何时、何地纳税，按什么手续纳税和不纳税如何处理等要素。因此，为了日后能更好地开展工作，小张同学还需要明确知晓税收的构成要素及其内涵。

1.税收的构成要素

税收的构成要素，就是国家设立每一项税种时，应该予以规定的内容。税收的构成要素一般包括纳税义务人、征税对象、税率、纳税环节、纳税期限、纳税地点、税收优惠和法律责任等项目。其中纳税义务人、征税对象、税率属于基本要素，也是界定不同税种应纳税额计算的核心要素。

2.税收的基本要素

2.1　纳税义务人

纳税义务人，简称"纳税人"，即纳税主体，是税法中规定的直接负有纳税义务的单位和个人。

纳税义务人包括自然人和法人。与纳税人相关的概念有扣缴义务人、负税人、纳税单位。

自然人，是指依法享有民事权利，并承担民事义务的公民个人。如在我国从事工商活动的个人，以及工资和劳务报酬的获得者等。

> **请注意**
> 自然人和法人一样，都负有依法向国家纳税的义务。

法人，是指依法成立，有一定的组织机构，具有能够独立支配的财产，并能以自己的名义享受民事权利和承担民事义务的社会组织。如企业、社会团体等。

扣缴义务人，是指有义务从纳税人收入中代扣其应纳税款，并代为缴纳税款的企业或单位。如个人所得税以所得人为纳税义务人，以支付所得的单位或个人为扣缴义务人。

负税人，是指税款的最终承担者或实际负担者。纳税人和负税人是两个既有联系又有区别的概念。纳税人并不一定就是税款的实际负担者，即负税人。纳税人和负税人是否一致，以税负能否转嫁为依据进行划分，这主要取决于税种的性质。如对烟、酒等采取高税政策，纳税人可以通过提高价格把税负转嫁给消费者，从而使纳税人和负税人不一致。但在某些情况下，如个人所得税和企业所得税，由于不存在税负转嫁的可能，纳税人就是负税人。

纳税单位，是指申报缴纳税款的单位，是纳税人的有效集合。如个人所得税，可以个人为纳税单位，也可以夫妻俩为一个纳税单位，还可以一个家庭为一个纳税单位；公司所得税可以每个分公司为一个纳税单位，也可以总公司为一个纳税单位。

> 想一想　纳税人与扣缴义务人、负税人、纳税单位的区别是什么？请举例说明。

2.2　征税对象

征税对象，又称为"课税对象"，即纳税客体，是税法规定的对什么征税，也可以理解为征税范围。与征税对象相关的概念有计税依据和税目。

计税依据又称为税基，是计算税款的依据。不同税种的计税依据是不同的，其表现形式有两种：（1）从价计征，即以征税对象的价值作为计税依据。（2）从量计征，即以征税对象的实物量（如数量、面积、重量等）作为计税依据。

税目是各个税种所规定的具体征税项目。它是征税对象的具体化，反映具体的征税范围。

2.3　税率

税率，是税法规定的对征税对象的征收比率或征收额度。我国现行税率的基本形式有三种：比例税率、累进税率和定额税率，见表1-1。

表1-1　　　　　　　　　　我国现行税率的主要形式

税率形式	概念	适用范围	适用税种举例
比例税率	对同一征税对象，不分数额大小，规定相同的征收比例的税率	多适用于从价计征的征税	我国现行的增值税、企业所得税等
累进税率	按照征税对象数额的大小，规定不同等级的税率，即对同一征税对象随着数量的增加，征收比例也随之提高的税率 目前常用的累进税率有超额累进税率和超率累进税率两种	多适用于收益税类的征税	我国现行的工资、薪金个人所得税采用的是超额累进税率；土地增值税采用的是超率累进税率等
定额税率	又称为固定税额，它是按照征税对象的一定的实物量，直接规定固定的征收税额	多适用于从量计征的税种	我国现行的城镇土地使用税、资源税等

3.税收的其他要素

3.1　纳税环节

纳税环节，是税法规定的征税对象在从生产到消费的流转过程中应当缴纳税款的环节。如流转税在生产和流通环节纳税；所得税在分配环节纳税。

3.2　纳税期限

纳税期限，是指税法规定的纳税人向国家缴纳税款的法定期限。我国现行税制的纳税期限主要有以下三种形式：

（1）按期纳税，根据纳税义务的发生时间，通过确定纳税间隔期，实行按期纳税。按期纳税间隔期分为1日、3日、5日、10日、15日和1个月（或者1个季度）共6种。纳税人的具体纳税间隔期由其主管税务机关核定。

（2）按次纳税，根据纳税行为的发生次数确定纳税期限，如印花税、车辆购置税、耕地占用税等。

（3）按年计征、分期预缴，按年计征是按规定的期限预缴税款，年度结束后汇算清缴，多退少补。分期预缴一般是按月或按季预缴，如企业所得税、房产税、城镇土地使用税等。

3.3 纳税地点

纳税地点，是指纳税人向国家缴纳税款的具体地点。纳税地点的确定，便于缴纳税款和防止逃避缴纳税款、漏税等行为的发生。纳税地点一般为纳税人所在地，也可以规定在财产所在地或行为发生地。

3.4 税收优惠

税收优惠，是国家在税收方面采取的鼓励和照顾政策，包括减税、免税、出口退税及其他一些内容。其中，减免税最为常用。减税，即依据税法规定减除纳税义务人一部分应纳税款。免税，即对某些特殊纳税人免征某种（或某几种）税收的全部税款。

3.5 法律责任

法律责任，是指对违反国家税法规定的行为所采取的处罚措施。税法规定的法律责任形式主要有三种：（1）经济责任，包括补缴税款、加收滞纳金等。（2）行政责任，包括吊销税务登记证、罚款、税收保全及强制执行等。（3）刑事责任，对违反税法情节严重、构成犯罪的行为，要依法承担刑事责任。

@知识链接

我国现行税收优惠政策举例

（1）促进区域协调发展的税收优惠政策。

促进经济特区、经济技术开发区等特殊区域率先发展的税收优惠政策。如对设在经济特区的企业、设在经济技术开发区和上海浦东新区的生产性外商投资企业，2008年、2009年、2010年和2011年，分别按18%、20%、22%和24%的税率征收企业所得税。

支持西部大开发的税收优惠政策。如自2001年至2010年，对设在西部12省（区、市）国家鼓励类的企业，减按15%的税率征收企业所得税；对西部地区公路国道、省道建设用地，免征耕地占用税；西部民族自治地区省级地方政府有权决定适当减免企业所得税等。

（2）促进构建社会主义和谐社会的税收优惠政策。

服务"三农"的税收优惠政策。如2006年，国家全面取消了农业税；对农产品、饲料、化肥等实行11%的增值税低税率，对从事农业生产资料生产、批发、零售的企业暂免征收增值税；对农业生产者销售自产农产品免征增值税；对个人或个体户从事种植业、养殖业、饲养业、捕捞业所得暂不征收个人所得税等。

扶持弱势群体就业再就业的税收优惠政策。如对吸纳下岗失业人员的企业，给予减免城市维护建设税、教育费附加和企业所得税的优惠政策；对安置《中华人民共和国残疾人保障法》规定的残疾人员的企业，在计算企业所得税时，给予按残疾职工工资加计扣除的优惠。

鼓励社会捐赠的税收优惠政策。如企业发生的公益性捐赠支出，在年度利润总额12%以内的部分，准予在计算应纳税所得额时扣除。

（3）促进资源节约型、环境友好型社会建设的税收优惠政策。

鼓励废旧物资回收利用的税收优惠政策。如对废旧物资回收经营企业中的增值税一般纳税人销售废旧物资实行免征增值税的政策；对利用废旧物资生产的增值税一般纳税人从回收经营企业购入的废旧物资，允许其依照取得的废旧物资销售发票上所注明的金额，按10%计算抵扣进项税额。

对低排量、环保型汽车的消费税给予优惠税率。

（4）促进科技进步和自主创新的税收优惠政策。

鼓励高新技术产业发展的税收优惠政策。如对软件产品增值税实际税负超过3%的部分实行即征即退政策；新办软件、集成电路企业自获利年度起实行"两免三减"；软件集成电路企业工资培训费税前全额扣除，集成电路企业实行再投资退税；规划布局重点软件企业适用10%的所得税税率；对国家需要重点扶持的高新技术企业，减按15%的税率征收企业所得税。

鼓励企业增加研发投入提高自主创新能力的税收优惠政策。如对企业开发新技术、新产品、新工艺发生的研发费用允许按实际发生额的150%税前扣除。除国务院财政、税务主管部门另有规定外，企业发生的职工教育经费支出，不超过工资薪金总额2.5%的部分，准予扣除；超过部分，准予在以后纳税年度结转扣除。对企业为生产高新技术产品以及承担国家重大科技专项、国家科技计划重点项目等进口的关键设备以及进口科研仪器和教学用品，免征进口关税和进口环节增值税。

任务三　厘清我国现行的税法体系和税收征管范围

情境导入

经过一段时间的学习，小张同学满怀信心地找到师傅，要求跟随师傅一起工作。师傅很欣赏他的工作热情，随手翻出一家代理企业的资料，问："你能说一下这个公司都需要缴纳什么税种吗？"小张回答了部分内容，但不够全面。师傅告诉小张，为了保障税收征收工作顺利进行，国家划分了相应的税收法律体系和征税机关，这些内容还需要小张系统地了解。

1. 税制与税法

（1）税制，即税收制度，又称税收法律制度，是国家以法律形式规定的各种税收法律、法规的总称。其主要内容包括各税种的法律、法规以及为了保证这些税法得以实施的税收征管制度和税收管理体制。

（2）税法，是法律范畴，是国家制定的用以调整国家与纳税人之间在征纳税方面的权利和义务关系的法律规范的总称。税法是国家法律的重要组成部分，它是国家税务机关及一切纳税单位和个人依法征税、依法纳税的行为规则。其目的是保障国家利益和纳税人的合法权益，维护正常的税收秩序，保证国家的财政收入。

（3）税制与税法的关系：税法是税收制度的核心，又是税制的外在表现。税制是税法的内容。税制必须经过立法，得到国家和政府的确认、保护和推动，才能充分发挥其职能作用。

> **请注意**　税收制度的内容主要有三个层次：
> ① 不同的要素构成税种。
> ② 不同的税种构成税制。
> ③ 规范税款征收程序的法律、法规。

2. 我国现行的税法体系

税法体系，从法律角度来讲，是一个国家在一定时期内，一定体制下，以法定形式规定的各种税收法律、法规的总和。从税收工作角度来讲，所谓税法体系往往被称为税收制度。

我国现行的税法体系，是由税收实体法和税收征收管理的程序法共同构成，见表1-2。

表1-2 　　　　　　　　　　　我国现行的税法体系

构成	主要内容	举例
税收实体法	是指确定税种立法，具体规定各税种的征收对象、征收范围、税目、税率、纳税地点等	《中华人民共和国企业所得税法》《中华人民共和国个人所得税法》
税收征收管理的程序法	是指税务管理方面的法律，主要包括税收管理法、纳税程序法、发票管理法、税务机关组织法、税务争议处理法等	《中华人民共和国税收征收管理法》

3. 我国现行税收分类

就其实体法而言，按照征税对象的不同，我国现行税收分为五大类，即商品和劳务税类、所得税类、财产和行为税类、资源税类、特定目的税类，见表1-3。

4. 我国税收征管范围划分

目前我国的税收分别由税务、海关等系统负责征收管理。其中税务机关是最主要的征税机关，承担着最广泛的税收征收管理工作。我国征税机关的征管范围划分见表1-4。

表1-3　　　　　　　　　　　　　　　　我国现行税收分类

分类	主要特点	主要税种
商品和劳务税	是对销售商品或提供劳务的流转额征收的一类税。主要在生产、流通或者服务业中发挥调节作用	增值税、消费税、关税
所得税	是对纳税人在一定期间获取的应纳税所得额（收益）征收的一类税。主要是在国民收入形成后，对生产经营者的利润和个人的纯收入发挥调节作用和公平税负的作用	企业所得税、个人所得税
财产和行为税	主要是对纳税人所有或所属其支配的财产，或某种行为征收的一类税，同时对其发挥调节作用	房产税、车船税、契税、印花税
资源税	主要是对因开发和利用自然资源而形成的级差收入发挥调节作用，其目的是为了保护和合理使用国家自然资源	资源税、土地增值税、城镇土地使用税
特定目的税	主要是为了达到特定目的，对某些特定对象和特定行为发挥特定的调节作用	城市维护建设税、车辆购置税、耕地占用税、船舶吨税、烟叶税

表1-4　　　　　　　　　　　　　　我国征税机关的征管范围划分

征税机关	征管范围内的主要税种
国家税务局	增值税、消费税、车辆购置税、各银行总行和各保险总公司集中缴纳的所得税、城市维护建设税、中央企业缴纳的所得税等
地方税务局	城市维护建设税（不包括上述由国家税务局征管的部分）、部分企业所得税、个人所得税、资源税、城镇土地使用税、耕地占用税、土地增值税、房产税、车船税、印花税、契税
海关	关税、船舶吨税、代征进口环节的增值税和消费税

@ 知识链接

税收与税法的关系

税法是税收的法律依据和法律保障，税法又必须以保障税收活动为其存在的理由和基础。税收是一种经济活动，属于经济基础范畴，而税法则是一种法律制度，属于上层建筑范畴。

税收的其他分类

（1）按税收管理和使用权限划分。

按照税收管理和使用权限划分，可分为中央税、地方税和中央、地方共享税。

中央税是指由中央政府征收管理，收入归中央政府所有的税种。目前，中央税有关税和消费税等。

地方税是指由中央统一立法，或由中央授予地方一定立法权，收入归地方，并由地方政府管理的税种。目前，地方税主要有耕地占用税、房产税、车船税、城镇土地使用税和契税等。

中央、地方共享税，属于中央、地方分享的收入。立法和管理都归中央，但其收入由中央、地方分享。现行增值税、资源税和企业所得税等为中央、地方共享税。

（2）按税收与价格的关系划分。

按税收与价格的关系划分，可分为价内税和价外税。价内税是指税金是价格的组成部分；价外税是指税金是价格的一个附加或附加比例。价内税的计税依据为含税价格，如消费税；价外税的计税依据为不含税价格，如增值税。

（3）按计税标准划分。

税收按计税标准划分，可分为从价税和从量税。从价税是指以征税对象的价值为计税依据征收的各种税，如我国现行的增值税和关税等。从量税是指以征收对象的自然实物量（重量、数量、面积、体积等）为计税依据的各种税，如我国现行的资源税和车船税等。

思考题

1.什么是税收？其特征有哪些？如何理解税收的职能作用？

2.税收的构成要素有哪些？

3.如何区分纳税义务人、代扣代缴义务人、负税人？

4.什么是征税对象？

5.什么是税率？税率有哪几种形式？

6.税收有哪些分类？按征税对象的性质划分，税收可分为哪几种？

项目二
增值税

本项目的学习任务主要有增值税的基本知识、计算及申报缴纳。通过对本项目的学习，要求：

◆了解增值税的概念、类型、特点、减免税规定；

◆掌握增值税的纳税人、征税范围、税率、一般纳税人和小规模纳税人的应纳税额的计算方法；

◆熟悉增值税的征收管理及申报缴纳等内容。

按照我国税收法律、法规的规定，在我国境内销售货物、劳务、服务、无形资产、不动产以及进口货物的单位和个人，应申报缴纳增值税。

增值税是中国最主要的税种之一，在我国的税制结构中占有非常重要的地位，称得上是第一大税种。

增值税是对销售货物或提供劳务过程中实现的增值额征收的一种税，可以避免重复征税，是当今世界各国流行的一个税种。

增值税的纳税人分为一般纳税人和小规模纳税人。其中一般纳税人的增值税计算比较复杂，是我们学习的重点内容，而小规模纳税人的增值税计算则比较简单。

一般纳税人的增值税计算是本项目的重点和难点。一般纳税人实行税款抵扣制，即规定在每一个流转环节由卖方向买方收取销项税额，然后纳税人以其销项税额减去购进过程中的进项税额之后的余额缴税，所以销项税额和进项税额的确定是我们学习增值税的关键内容。

小规模纳税人则采用按销售额和征收率简易计征增值税的办法，计算方法简便易行。

任务一　　　　　　　认识增值税

情境导入

小张同学经过学习，对税收的基础知识已经有所了解。为了提高其实践能力，公司的税务师首先让他参与代理的是本市一家电器生产企业的增值税申报工作。小张同学了解到该企业缴纳的主要税种之一是增值税，因此，他首先需要对增值税的基本知识进行学习，了解一下增值税的概念、特点、纳税人、征税范围、税率等内容。

1.增值税的概念和特征

1.1　增值税的概念

增值税是对销售货物或提供劳务过程中实现的增值额征收的一种税。

1.2　增值税的特征和优点

（1）增值税的特征。

①不重复征税，具有中性税收的特征。

所谓中性税收是指税收对经济行为，包括企业生产决策、生产组织形式等，不产生影响，由市场对资源配置发挥基础性、主导性作用。政府在建立税制时，以不干扰经营者的投资决策和消费者的消费选择为原则。

增值税具有中性税收的特征，是因为增值税只对没有征过税的那部分增值额征税，对销售额中属于转移过来的、以前环节已征过税的那部分销售额则不再征收，从而有效地排除了重叠征税因素。此外，增值税税率档次少，一些国家只采取一档税率，即使采取二档或三档税率的，其绝大部分货物一般也都是按一个统一的基本税率征收。这不仅使得绝大部分货物的税负是一样的，而且同一货物在经历的所有生产和流通的环节的整体税负也是一样的。这种情况使增值税对生产经营活动以及消费行为基本不发生影响，从而使增值税具有了中性税收的特征。

②逐环节征税、逐环节扣税，最终消费者是全部税款的承担者。

作为一种新型的流转税，增值税保留了传统间接税按流转额全额计税和道道征税的特点，同时还实行税款抵扣制度，即在逐环节征税的同时，还实行逐环节扣税。在这里，各环节的经营者作为纳税人只是把从买方收取的税款转缴给政府，而经营者本身实际上并没有承担增值税税款。这样，随着各环节交易活动的进行，经营者在出售货物的同时也出售了该货物所承担的增值税税款，直到货物卖给最终消费者时，货物在以前环节已纳的税款连同本环节的税款也一同转给了最终消费者。可见，增值税税负具有逐环节向前推移的特点，作为纳税人的生产经营者并不是增值税的真正负担者，只有最终消费者才是全部税款的负担者。

③税基广阔，具有征收的普遍性和连续性。

无论是从横向看还是从纵向看，增值税都有着广阔的税基。从生产经营的横向关系看，无论工业、商业或者劳务服务活动，只要有增值收入就要纳税；从生产经营的纵向关系看，每一种货物无论经过多少生产经营环节，都要按各道环节上发生的增值额逐次征税。

（2）增值税的优点。

①能够平衡税负，促进公平竞争。

增值税具有不重复征税的特点，能够彻底解决同一种货物由全能厂生产和由非全能厂生产所产生的税负不平衡问题。因为一种货物无论是由几个、十几个，甚至几十个企业共同完成，还是自始至终由一个企业完成，货物只要最终销售价格相同，那么该货物所负担的增值税税负也相同，从而彻底解决了同一货物由全能厂生产和由非全能厂生产所产生的税负不平衡问题。增值税能够平衡税负的这种内在合理性使得增值税能够适应商品经济的发展，为在市场经济下的公平竞争提供良好的外部条件。

②既便于出口商品的退税，又避免了对进口商品征税的不足。

世界各国为了保护和促进本国经济的发展，在对外贸易上都采取奖出限入的经济政策。为此，各国对出口货物普遍实行退税政策，使出口货物以不含税价格进入国际市场。在这种政策下，实行增值税可准确地计算出出口货物应退税款，从而做到一次性全部将已征税款准确地退还给企业，使出口货物以不含税价格进入国际市场。

对进口货物征收增值税，有利于贯彻国际间同等纳税的原则，避免产生进口货物的税负轻于国内同类货物，以及进口货物利润大于国内相同货物利润的现象，从而体现了国际间同等纳税的原则，维护了国家的经济权益。

③在组织财政收入上具有稳定性和及时性。

征税范围的广阔性，征收的普遍性和连续性，让增值税有着充足的税源和为数众多的纳税人，从而使得通过增值税组织的财政收入具有稳定性和可靠性。

④在税收征管上可以互相制约、交叉审计，避免发生偷税。

和增值税实行税款抵扣的计税方法相适应，各国都实行凭发票扣税的征收制度，通过发票把买卖双方连为一体，并形成一个有机的扣税链条。在这一纳税链条中，如有哪一环节少缴了税款，必然导致下一个环节多缴税款。可见，增值税发票使买卖双方在纳税上形成了一种利益制约关系。这种制约关系一方面可以避免纳税人偷税、漏税和错计税款，另一方面也有助于税务机关进行检查和监督。

2. 增值税的产生和发展

增值税 1954 年在法国正式提出并创立，至今不过 60 余年的历史，但是迅速被世界上许多国家所接受和采用，已发展成为一个国际性大税种，在现代税制结构中担当着重要的角色。

我国从 1979 年起，在部分城市试行增值税。1982 年财政部制定了《增值税暂行办法》，并自 1983 年 1 月 1 日开始在全国试行。1984 年 9 月，在总结经验的基础上，国务院又制定了《中华人民共和国增值税条例（草案）》，并自当年 10 月起施行。

1993 年 12 月 13 日，国务院又发布了《中华人民共和国增值税暂行条例》，并自 1994 年 1 月 1 日起施行。这是我国增值税改革历史上的一次重大变革，征税范围扩大到所有的货物销售和大部分行业，征税环节延伸到了生产、进口、批发、零售各个环节，实行了凭增值税专用发票抵扣税款的制度，扣税机制日益健全，税率也得到了进一步简化。

为进一步完善税制，国务院决定实施增值税转型改革，修订《中华人民共和国增值税暂行条例》（以下简称《增值税暂行条例》），在2008年11月5日经国务院常务会议审议通过，11月10日以国务院令第538号公布，于2009年1月1日起施行。

为了进一步完善增值税制，消除重复征税，促进经济结构优化，经国务院常务会议决定，自2012年1月1日起，在上海市开展交通运输业和部分现代服务业营业税改征增值税的试点工作，并自2013年8月1日起，将试点范围扩大至全国。2014年1月1日起，将铁路运输和邮政业纳入试点范围。2014年6月1日起，又将电信业纳入试点范围。

2016年3月，财政部和国家税务总局颁布了《营业税改征增值税试点实施办法》，办法规定自2016年5月1日起，在全国范围内全面推开"营改增"试点，建筑业、房地产业、金融业、生活服务业等全部原营业税纳税人，纳入试点范围，由缴纳营业税改为缴纳增值税。

经过多年的发展，增值税已经成为我国现阶段税收规模最大的税种，发挥着重要的作用。

3.增值税的分类

以购进的固定资产能否扣税为标准，增值税可分为消费型增值税、收入型增值税和生产型增值税。

（1）消费型增值税。

消费型增值税即征收增值税时，允许将购置的固定资产价值中所含增值税一次性全部扣除。这样，就整个社会来说，课税对象只限于消费资料，故称为消费型增值税。

（2）收入型增值税。

收入型增值税即征收增值税时，只允许扣除固定资产折旧中所含的增值税。这样，就整个社会来说，课税的依据相当于国民收入，故称为收入型增值税。

（3）生产型增值税。

生产型增值税即不允许扣除固定资产中所含的增值税。这样，就整个社会来说，课税依据既包括消费资料，也包括生产资料，课征范围与国民生产总值一致，故称为生产型增值税。

世界上实行增值税的国家普遍实行消费型增值税。我国在2008年12月31日之前实行生产型增值税，自2009年1月1日起改为实行消费型增值税。

4.增值税纳税义务人

4.1 纳税义务人

根据《增值税暂行条例》的规定，在中华人民共和国境内（以下简称境内）销售货物或提供加工、修理修配劳务，以及进口货物的单位和个人是增值税的纳税人。根据《营业税改征增值税试点实施办法》的规定，在境内销售服务、无形资产或者不动产的单位和个人，也为增值税纳税人，由原来缴纳营业税改为缴纳增值税。

其中，单位是指企业、行政单位、事业单位、军事单位、社会团体及其他单位。个人是指个体工商户和其他个人。

单位租赁或者承包给其他单位或个人经营的，以承租人或者承包人为纳税人。

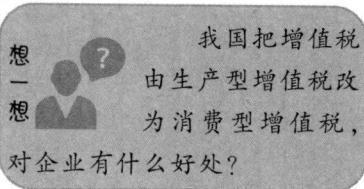

4.2　增值税扣缴义务人

中华人民共和国境外的单位或者个人在境内发生应税行为，在境内未设有经营机构的，以其境内代理人为扣缴义务人；在境内没有代理人的，以购买方为扣缴义务人。

4.3　纳税人的分类

增值税实行凭专用发票抵扣税款的制度，客观上要求纳税人具备健全的会计核算制度和能力。在实际经济生活中，我国增值税纳税人众多，会计核算水平差异较大，大量的小企业和个人还不具备用发票抵扣税款的条件，为了既简化增值税计算和征收，也有利于减少税收征管漏洞，将增值税纳税人按会计核算水平和经营规模分为一般纳税人和小规模纳税人两类纳税人。划分的基本依据是企业经营规模的大小及会计核算是否健全。而衡量企业经营规模的大小是以年销售额为标准的。年应纳增值税销售额达到规定标准的企业和企业性单位为增值税一般纳税人，否则为小规模纳税人。这两类纳税人在税款计算方法、适用税率和管理办法上都有所不同，对一般纳税人实行凭发票扣税的计税方法，对小规模纳税人实行简易征收办法。

4.3.1　小规模纳税人的认定标准

小规模纳税人是指年应纳增值税销售额在规定标准以下，并且会计核算不健全，不能按规定报送有关税务资料的增值税纳税人，其中所称"会计核算不健全"是指不能按照国家统一的会计制度规定设置账簿和根据合法、有效凭证核算。

根据《增值税暂行条例》及其实施细则和《营业税改征增值税试点实施办法》的规定，小规模纳税人的认定标准是：

（1）从事货物生产或者提供应税劳务的纳税人，以及以从事货物生产或者提供应税劳务为主，并兼营货物批发或者零售的纳税人，年应纳增值税销售额（以下简称年应税销售额）在50万元以下（含50万元，下同）的。

"以从事货物生产或者提供应税劳务为主"是指纳税人的年货物生产或者提供应税劳务的销售额占年应税销售额的比重在50%以上。

（2）销售服务、无形资产或者不动产的纳税人，年应税销售额在500万元（含500万元）以下的。

（3）对上述规定以外的纳税人，年应税销售额在80万元以下的。

（4）年应税销售额超过小规模纳税人的其他个人按小规模纳税人纳税。

（5）非企业性单位、不经常发生增值税应税行为的企业可选择按小规模纳税人纳税。

小规模纳税人会计核算健全，能够提供准确税务资料的，可以向主管税务机关申请认定为一般纳税人，不作为小规模纳税人。

小规模纳税人应使用增值税普通发票，一般不使用增值税专用发票，但基于一般纳税人与小规模纳税人之间客观存在经济往来的实情，小规模纳税人可以到税务机关代开增值税专用发票。

4.3.2　一般纳税人的认定标准

一般纳税人是指年应征增值税销售额超过财政部、国家税务总局规定的小规模纳税人标准的企业和企业性单位（以下简称企业）。

增值税一般纳税人资格实行登记制，登记事项由纳税人向其主管税务机关办理。

除财政部、国家税务总局另有规定外，纳税人自其一般纳税人资格生效之日起，按照增值税一般计税方法计算应纳税额，并按照规定领用增值税专用发票。

除国家税务总局另有规定外，纳税人一经认定为一般纳税人以后，不得转为小规模纳税人。

5.增值税征税范围

根据《增值税暂行条例》和《营业税改征增值税试点实施办法》的规定，增值税的一般征税范围包括：

（1）销售货物。

货物是指有形动产，包括电力、热力、气体在内。

销售货物，是指有偿转让货物的所有权。有偿，是指从购买方取得货币、货物或者其他经济利益。

（2）提供加工、修理修配劳务。

加工是指受托加工货物，及委托方提供原料及主要材料，受托方按照委托方的要求制造货物并收取加工费的业务；修理修配是指受托对损伤和丧失功能的货物进行修复，使其恢复原状和功能的业务。单位或者个体工商户聘用的员工为本单位或者雇主提供加工、修理修配劳务，不包括在内。

（3）进口货物。

进口货物，是指申报进入中国海关境内的货物。只要是申报进口的应税货物，均属于增值税的征税范围，除享受免税政策外，在进口环节缴纳增值税。

（4）销售服务、无形资产或不动产。

①销售服务，是指提供交通运输服务、邮政服务、电信服务、建筑服务、金融服务、现代服务、生活服务。其中：

交通运输服务包括陆路运输服务、水路运输服务、航空运输服务和管道运输服务；

邮政服务是指中国邮政集团公司及其所属邮政企业提供邮件寄递、邮政汇兑和机要通信等邮政基本服务的业务活动；

电信服务包括基础电信服务和增值电信服务；

建筑服务是指各类建筑物、构筑物及其附属设施的建造、修缮、装饰，线路、管道、设备、设施等的安装以及其他工程作业的业务活动；

金融服务是指经营金融保险的业务活动，包括贷款服务、直接收费金融服务、保险服务和金融商品转让；

现代服务是指围绕制造业、文化产业、现代物流产业等提供技术性、知识性服务的业务活动，包括研发和技术服务、信息技术服务、文化创意服务、物流辅助服务、租赁服务、鉴证咨询服务、广播影视服务、商务辅助服务和其他现代服务；

生活服务是指为满足城乡居民日常生活需求提供的各类服务活动，包括文化体育服务、教育医疗服务、旅游娱乐服务、餐饮住宿服务、居民日常服务和其他生活服务。

②销售无形资产，是指转让无形资产所有权或者使用权的业务活动。无形资产包括技术、商标、著作权、商誉、自然资源使用权和其他权益性无形资产。

③销售不动产，是指转让不动产所有权的业务活动。不动产，是指不能移动或者移动后会引起性质、形状改变的财产，包括建筑物（住宅、商业营业用房、办公楼等）、构筑物（道路、桥梁、隧道、水坝等）等。转让建筑物有限产权或者永久使用权的，转让在建

的建筑物或者构筑物所有权的，以及在转让建筑物或构筑物时一并转让其土地的使用权的，按照销售不动产缴纳增值税。

（5）视同销售货物行为。

单位或者个体工商户的下列行为，视同销售货物：

①货物交付其他单位或者个人代销。

②销售代销货物。

③有两个以上机构并实行统一核算的纳税人，将货物从一个机构移送至其他机构用于销售，但相关机构设在同一县（市）的除外。

④自产、委托加工的货物用于集体福利或者个人消费。

⑤自产、委托加工或者购进的货物作为投资，提供给其他单位或者个体工商户。

⑥将自产、委托加工或者购进的货物分配给股东或者投资者。

⑦将自产、委托加工或者购进的货物无偿赠送其他单位或者个人。

上述7种行为应该确定为视同销售货物行为，均要征收增值税。其确定的目的主要有三个：一是保证增值税税款抵扣制度的实施，不致因发生上述行为而造成各相关环节税款抵扣链条的中断，如前两种情况就是这种原因。如果不将之视同销售就会出现销售货物方仅有销项税额而无进项税额，而将货物交付其他单位或者个人代销方仅有进项税额而无销项税额的情况，就会出现增值税抵扣链条不完整。二是避免因发生上述行为而造成货物销售税收负担不平衡的矛盾，防止以上述行为逃避纳税的现象。三是体现增值税计算的配比原则。即购进货物已经在购进环节实施了进项税额抵扣，这些购进货物应该产生相应的销售额，同时就应该产生相应的销项税额，否则就会产生不配比情况。如上述④~⑦讲的几种情况就属于此种原因。

（6）视同销售服务、无形资产或不动产行为。

①单位或者个体工商户向其他单位或者个人无偿提供服务，但用于公益事业或者以社会公众为对象的除外。

②单位或者个人向其他单位或者个人无偿转让无形资产或不动产，但用于公益事业或者以社会公众为对象的除外。

③财政部和国家税务总局规定的其他情形。

（7）混合销售行为。

一项销售行为如果既涉及货物又涉及服务，即为混合销售行为。

（8）兼营。

兼营，是指纳税人的经营中既包括销售货物和加工修理修配劳务，又包括销售服务、无形资产和不动产的行为。

混合销售和兼营相比既有相同之处，又有不同之处。相同之处是：纳税人在生产经营活动中都涉及销售货物和服务两类业务。不同之处是：混合销售是在同一项（次）销售业务中同时涉及货物和应税服务，货物销售款和服务价款同时从同一个客户处收取，这两种款项难以分别核算。兼营是纳税人兼有销售货物和服务两类业务，并且这种经营活动并不发生在同一项（次）业务中，收取的两种款项可以分别核算。

需要注意的是，属于下列非经营活动的情形不属于增值税的征税范围：

①行政单位收取的由国务院、财政部或省级人民政府及其财政、价格主管部门批准设

立、收取时开具省级以上（含省级）财政部门监（印）制的财政票据并且所收款项全额上缴财政的政府性基金或者行政事业性收费。

②单位或者个体工商户聘用的员工为本单位或者雇主提供取得工资的服务。

③单位或者个体工商户为聘用的员工提供服务。

④财政部和国家税务总局规定的其他情形。

6.税率与征收率

我国增值税是采用比例税率，按照一定的比例征收。

原则上增值税的税率应该对不同行业不同企业实行单一税率，称为基本税率，实践中为照顾一些特殊行业或产品也增设了低税率，并且对出口产品实行零税率。基本税率、低税率和零税率这三档税率适用于一般纳税人。

小规模纳税人适用征收率。

6.1 税率

6.1.1 基本税率

增值税一般纳税人销售或者进口货物，提供加工、修理修配劳务，以及提供有形动产租赁服务，除低税率适用范围外，税率一律为17%，这就是通常所说的基本税率。

6.1.2 低税率

增值税一般纳税人适用的低税率有11%和6%两种。

（1）销售或者进口农产品、食用植物油、自来水、暖气、冷气、热水、煤气、石油液化气、天然气、沼气、居民用煤炭制品、图书、报纸、杂志、化肥、农药、农机、农膜、饲料、音像制品、电子出版物、二甲醚、食用盐，按11%计征增值税。

其中的农产品，是指种植业、养殖业、林业、牧业、水产业生产的各种植物、动物的初级产品。

（2）提供交通运输、邮政、基础电信、建筑、不动产租赁服务，销售不动产，转让土地使用权，适用的增值税税率为11%。

（3）提供增值电信服务、金融服务、现代服务（除有形动产租赁服务和不动产租赁服务外）、生活服务，销售无形资产（除转让土地使用权外），适用的增值税税率为6%。

6.1.3 零税率

纳税人出口货物，税率为零，但是，国务院另有规定的除外。

税率为零不是简单地等同于免税。出口货物免税仅指在出口环节不征收增值税，而零税率是指对出口货物除了在出口环节不征增值税外还要对该产品在出口前已经缴纳的增值税进行退税，使该出口产品在出口时完全不含增值税税款，从而以无税产品进入国际市场。当然，我国目前并非对全部出口产品都实行零税率，而是根据经济形势的变化和调节出口产品结构的需要规定出口退税率，对大部分出口产品实行零税率。

6.2 征收率

小规模纳税人的增值税采用简易征收办法，小规模纳税人适用的税率称为征收率。考虑到小规模纳税人经营规模小，且会计核算不健全，难以按上述增值税税率计税和使用增值税专用发票抵扣进项税款，因此实行按销售额与征收率计算应纳税额的简易办法。目前我国小规模纳税人适用的增值税征收率为

请注意 应严格区分不同的增值税税率和征收率的适用范围。

3%。征收率的调整，由国务院决定。

任务二　　　　　计算增值税的应纳税额

情境导入

　　小张同学通过对增值税基本知识的学习，熟悉并掌握了增值税的概念、特点、纳税人、征税范围、税率等内容。他进一步明确了所代理的电器生产企业是增值税一般纳税人，应该采用税款抵扣制进行增值税的计算。现在他需要进一步学习一般纳税人的增值税计算方法，并了解小规模纳税人的增值税计算原理。

1.一般纳税人增值税的计算

　　我国目前对一般纳税人采用的计税方法是国际上通行的购进扣税法，即先按当期销售额和适用税率计算出销项税额，然后对当期购进项目已经缴纳的税款进行抵扣，从而间接计算出对当期增值额部分的应纳税额。

　　增值税一般纳税人的应纳增值税额，应该等于当期销项税额抵扣当期进项税额后的余额。其计算公式如下：

　　当期应纳税额=当期销项税额-当期进项税额

　　　　　　　=当期销售额×适用税率-当期进项税额

　　增值税一般纳税人当期应纳税额的多少，取决于当期销项税额和当期进项税额这两个因素。而当期销项税额的确定关键在于确定当期销售额。对当期进项税额的确定在税法中也作了一些具体的规定，在分别确定销项税额和进项税额的情况下，就不难计算出应纳税额。

　　当期销项税额小于当期进项税额不足抵扣时，其不足部分可以结转到下期继续抵扣。

1.1　销项税额的计算

　　销项税额是指纳税人销售货物、提供应税劳务或销售服务、无形资产、不动产时，按照销售额和规定的税率计算并向购买方收取的增值税税额。销项税额的计算公式为：

　　销项税额=销售额×适用税率

　　从销项税额的定义和公式中我们可以知道，它是由购买方在购买货物、应税劳务或服务、无形资产、不动产而支付价款时，一并向销售方支付的税额。对于属于一般纳税人的销售方来说，在没有抵扣进项税额前，销售方收取的销项税额还不是其应纳增值税额。销项税额的计算取决于销售额和适用税率两个因素。在适用税率既定的前提下，销项税额的大小主要取决于销售额的大小。增值税适用税率是比较简单的，因而销项税额计算的关键是如何准确确定作为增值税计税依据的销售额。

1.1.1　一般情况下的销售额和销项税额

　　根据《增值税暂行条例实施细则》和《营业税改征增值税试点实施办法》的规定，销售额是指纳税人销售货物、劳务、服务、无形资产或不动产时，向购买方收取的全部价款和价外费用。特别需要强调的是，尽管销项税额也是销售方向购买方收取的，但是增值税采用价外计税方式，用不含税价作为计税依据，因而销售额中不包括向购买方收取的销项税额。

价外费用，是指价外收取的各种性质的收费，例如价外向购买方收取的手续费、补贴、基金、集资费、返还利润、奖励费、违约金、滞纳金、延期付款利息、赔偿金、代收款项、代垫款项、包装费、包装物租金、储备费、优质费、运输装卸费等。

但下列项目不包括在销售额内：

（1）受托加工应征消费税的消费品所代收代缴的消费税。

（2）销售货物的同时代办保险等而向购买方收取的保险费，以及向购买方收取的代购买方缴纳的车辆购置税、车辆牌照费。

（3）同时符合以下条件代为收取的政府性基金或者行政事业性收费：

①由国务院或者财政部批准设立的政府性基金，由国务院或者省级人民政府及其财政、价格主管部门批准设立的行政事业性收费。

②收取时开具省级以上财政部门印制的财政票据。

③所收款项全额上缴财政。

（4）以委托方名义开具发票代委托方收取的款项。

凡随同货物、劳务、服务、无形资产或不动产向购买方收取的价外费用，无论其会计制度如何核算，均应并入销售额计算应纳税额。税法规定各种性质的价外收费都要并入销售额计算征税，目的是防止以各种名目的收费减少销售额逃避纳税的现象。

应当注意，根据国家税务总局规定：对增值税一般纳税人向购买方收取的价外费用，应视为含税收入，在征税时换算成不含税收入再并入销售额。

【例2-1】某啤酒厂是增值税一般纳税人，2017年3月份销售啤酒200桶，每桶不含税单价500元，销售时另向对方收取桶的租金2 340元和装卸等杂费702元，200桶啤酒已经发出。

要求：计算该啤酒厂的销售额和销项税额。

【解析】

销售额=200×500 +（2 340+702）÷（1+17%）=102 600（元）

销项税额=102 600×17%= 17 442（元）

1.1.2　特殊情况下的销售额和销项税额

（1）对视同销售货物行为的销项税额的确定。

视同销售行为中某些行为由于不是以资金的形式反映出来，会出现无销售额的现象。因此，税法规定，对视同销售征税而无销售额的按下列顺序确定其销售额：

①按纳税人最近时期同类货物的平均销售价格确定。

②按其他纳税人最近时期同类货物的平均销售价格确定。

③按组成计税价格确定。组成计税价格的公式为：

组成计税价格=成本×（1+成本利润率）

公式中的成本是指：销售自产货物的为实际生产成本，销售外购货物的为实际采购成本。公式中的成本利润率由国家税务总局确定。

【例2-2】某食品厂是一般纳税人，2017年8月份开始生产月饼，在中秋节时向职工发放本厂生产的月饼。该厂共有职工100名，每人发放一盒月饼，每盒成本为50元，国家税务总局规定的成本利润率为10%。

要求：计算其销项税额。

【解析】

组成计税价格=100×50×（1+10%）=5 500（元）

销项税额=5 500×17%=935（元）

征收增值税的货物，同时又征收消费税的，其组成计税价格中应加上消费税税额。其组成计税价格公式为：

组成计税价格=成本×（1+成本利润率）÷（1－消费税税率）

（2）对混合销售情况下的销项税额的确定。

一项销售行为如果既涉及货物又涉及服务，为混合销售。

从事货物的生产、批发或者零售以及以货物的生产、批发或者零售为主的单位和个体工商户，发生混合销售行为时按照销售货物计算销项税额；其他单位和个体工商户的混合销售行为，按照销售服务计算销项税额。

【例2-3】某空调生产厂家2017年3月向外地某商场批发500台空调，不含税单价为3 000元。为了保证及时供货，两方议定由该厂用自己的卡车向商场运送这500台空调，空调厂除了收取空调的货款外还另收取运输费3 510元。

要求：计算该空调厂的销项税额。

【解析】

空调厂在这次销售活动中，就发生了销售货物和提供服务的混合销售行为。空调厂属于货物生产企业，其做出的混合销售行为，是以销售货物为主要目的，所以，取得的货款和运输费一并作为货物销售额，按空调适用的17%税率征收增值税，但需特别注意：收取的运输费应视为含税销售额。

销售额=500×3 000+3 510÷（1+17%）=1 503 000（元）

销项税额=1 503 000×17%=255 510（元）

（3）对兼营情况下的销项税额的确定。

纳税人兼营销售货物、劳务、服务、无形资产或不动产，适用不同税率或者征收率的，应当分别核算适用不同税率或者征收率的销售额并计算销项税额；未分别核算的，按照以下方法确定适用的税率或者征收率：

①兼有不同税率的销售货物、加工修理修配劳务、服务、无形资产或者不动产，从高适用税率。

②兼有不同征收率的销售货物、加工修理修配劳务、服务、无形资产或者不动产，从高适用征收率。

③兼有不同税率和征收率的销售货物、加工修理修配劳务、服务、无形资产或者不动产，从高适用税率。

（4）采取折扣方式销售。

折扣销售是指销货方在销售货物和提供应税劳务时，因购货方购货数量较大等原因而给予购货方的价格优惠（如购买5件，销售价格折扣10%；购买10件，销售价格折扣20%等）。

纳税人采取折扣方式销售货物，如果销售额和折扣额在同一张发票上分别注明的，可按折扣后的销售额征收增值税。如果将折扣额另开发票，不论其在财务上如何处理，折扣额不得从销售额中减除。

折扣销售不同于销售折扣。销售折扣（会计实务中一般称为现金折扣）是指销货方在销售货物或提供应税劳务后，为了鼓励购货方及早偿还货款而协议许诺给予购货方的一种折扣优待（如10天内付款，货款折扣2%；20天内付款，折扣1%；30天内全价付款）。销售折扣发生在销售之后，是一种融资性质的理财费用，因此，销售折扣不得从销售额中减除。企业在确定销售额时应把折扣销售和销售折扣严格区分开。

另外，一般纳税人因销售货物退回或折让而退还给购买方的增值税额，应从发生销售货物退回或折让当期的销项税额中扣减。发生销售退回或折让时，销售方应按规定开具红字增值税专用发票。否则，退还的增值税额不得从销项税额中扣减。

（5）采取以旧换新方式销售。

以旧换新是指纳税人在销售自己的货物时，有偿收回旧货物的行为。

根据税法规定，采取以旧换新方式销售货物的，应按新货物的同期销售价格确定销售额，不得扣减旧货物的收购价格。之所以这样规定，既是因为销售货物与收购货物是两个不同的业务活动，销售额与收购额不能相互抵减，也是为了严格增值税的计算征收，防止出现销售额不实、减少纳税的现象。

请注意：回收的旧空调作价不能抵减新空调的销售额。

但是，考虑到金银首饰以旧换新业务的特殊情况，对金银首饰以旧换新业务，可以按销售方实际收取的不含增值税的全部价款征收增值税。

【例2-4】某空调厂是一般纳税人，2017年3月份采取以旧换新方式销售10台新空调给本市某公司，新空调的不含税单价为2 000元/台，向对方开具了增值税专用发票。同时从该公司回收旧空调10台，每台作价为400元。

要求：计算该空调厂的销售额和销项税额。

【解析】

销售额=10×2 000=20 000（元）

销项税额=20 000×17%=3 400（元）

（6）包装物押金是否计入销售额。

包装物是指纳税人包装本单位货物的各种物品。纳税人销售货物时另收取包装物押金，目的是促使购货方及早退回包装物以便周转使用。包装货物的押金是否应计入货物销售额呢？

根据税法规定，纳税人为了销售货物而出租、出借包装物收到的押金，单独记账核算的，时间在1年以内，又未过期的，不并入销售额征税。但对因逾期未收回包装物则不再退还的押金，应按所包装货物的适用税率计算销项税额。

上述规定中，"逾期"是指按合同约定实际逾期或以1年为期限，对收取1年以上的押金，无论是否退还均并入销售额征税。当然，在将包装物押金并入销售额征税时，需要先将该押金换算为不含税收入，再并入销售额征税。纳税人为销售货物出租、出借包装物而收取的押金，无论包装物周转使用期限长短，超过1年（含1年）以上仍不退还的均并入销售额征税。

另外，包装物押金不应混同于包装物租金，包装物租金在销货时作为价外费用并入销售额计算销项税额。

【例2-5】某啤酒厂是增值税一般纳税人，2017年3月5日销售啤酒100桶，同时向对方收取桶的押金5 850元，合同约定3个月后将桶还回。6月6日，该啤酒厂接到购买方通知，啤酒桶因损坏无法归还，该啤酒厂按合同约定将所收押金予以没收。

要求：计算该啤酒厂6月份的销项税额。

【解析】

不含税收入=5 850÷（1+17%）=5 000（元）

销项税额=5 000×17%=850（元）

1.1.3 含税销售额的换算

在实际工作中，常常会出现一般纳税人将销售额和销项税额合并定价的情况，这样，就会形成含税销售额。我国增值税是价外税，计税依据中不含增值税本身的数额。在计算应纳税额时，如果不将含税销售额换算为不含税销售额，就会导致对增值税销项税额本身的重复征税现象，因此，一般纳税人对取得的含税销售额在计算销项税额时，必须将其换算为不含税销售额。其换算公式为：

不含税销售额=含税销售额÷（1+增值税税率）

【例2-6】某商场（一般纳税人）2017年3月共实现对个人顾客的（含税）销售额为468 000元。

要求：计算其销项税额。

【解析】

不含税销售额=468 000÷（1+17%）=400 000（元）

销项税额=400 000×17%=68 000（元）

1.2 进项税额的计算

一般纳税人购进货物、加工修理修配劳务、服务、无形资产或者不动产时支付或者负担的增值税额，为进项税额。

进项税额是与销项税额相对应的一个概念。在开具增值税专用发票的情况下，它们之间的对应关系是，销售方收取的销项税额，就是购买方支付的进项税额。对于任何一个一般纳税人而言，由于其在经营活动中，既会发生销售货物或提供应税劳务，又会发生购入货物或接受应税劳务，因此，每个一般纳税人都会有收取的销项税额和支付的进项税额。

增值税的核心就是用纳税人收取的销项税额抵扣其支付的进项税额，其余额为纳税人实际应缴纳的增值税额。这样，进项税额作为可抵扣的部分，对于纳税人实际纳税多少就产生了举足轻重的作用。

然而，需要注意的是，并不是纳税人支付的所有进项税额都可以从销项税额中抵扣，购进项目金额与销售额之间应有配比性。税法对不能抵扣进项税额的项目做了严格的规定，如果违反税法规定，随意抵扣进项税额，就将以偷税论处。因此严格把握哪些进项税额可以抵扣，哪些进项税额不能抵扣是十分重要的，这些方面也是纳税人在缴纳增值税实务中差错出现最多的地方。

1.2.1　准予从销项税额中抵扣的进项税额

根据《增值税暂行条例实施细则》和《营业税改征增值税试点实施办法》的规定，准予从销项税额中抵扣的进项税额，主要包括下列增值税扣税凭证上注明的增值税额和按规定的扣除率计算的进项税额：

（1）从销售方取得的增值税专用发票上注明的增值税额。

【例2-7】某电器生产企业为增值税一般纳税人，2017年3月购进电子零件100箱，每箱不含税买价为300元，取得了对方开具的增值税专用发票。

要求：计算该企业的进项税额。

【解析】

进项税额=100×300×17%=5 100（元）

（2）从海关取得的海关进口增值税专用缴款书上注明的增值税额。

纳税人进口货物，凡已缴纳了进口环节增值税的，不论其是否已经支付货款，其取得的海关进口增值税专用缴款书均可作为增值税进项税额抵扣凭证。

（3）从农业生产者处购进免税农产品，按照农产品收购发票或者销售发票上注明的农产品买价和11%的扣除率计算的进项税额。进项税额的计算公式为：

进项税额=买价×扣除率

农产品，是指种植业、养殖业、林业、牧业、水产业生产的各种植物、动物的初级产品。

但是，营业税改征增值税试点期间，纳税人购进的免税农产品如果用于生产销售或委托受托加工适用17%税率的货物，则按13%的扣除率计算进项税额。比如，一般纳税人从农业生产者处购进玉米用于生产淀粉并销售，淀粉适用的增值税税率为17%，此时，纳税人可按13%的扣除率计算进项税额。

【例2-8】某商场2017年3月向农业生产者购进黄豆一批用于销售，支付收购价100 000元，取得了相关的农产品收购发票。

要求：计算该商场的进项税额。

【解析】

进项税额=100 000×11%=11 000（元）

（4）纳税人购进服务、无形资产或者不动产，取得的增值税专用发票上注明的增值税额，准予从销项税额中抵扣。

但需特别注意，2016年5月1日后取得并在会计制度上按固定资产核算的不动产或者2016年5月1日后取得的不动产在建工程，其进项税额应自取得之日起，分2年从销项税额中抵扣，第一年抵扣比例为60%，第二年抵扣比例为40%。其中，60%的部分于取得扣税凭证的当月从销项税额中抵扣，40%的部分于取得扣税凭证的当月起第13个月从销项税额中抵扣。

融资租入的不动产以及在施工现场修建的临时建筑物、构筑物，其进项税额不适用上述分2年抵扣的规定。

【例2-9】某家具生产企业是增值税一般纳税人，2017年3月6日，接受某运输公司的运输服务，取得了增值税专用发票，运输费为6 000元，适用的增值税税率为11%；2017

年3月10日，又接受某广告公司的广告设计服务，取得了增值税专用发票，广告设计费为20 000元，适用的增值税税率为6%。

要求：计算该企业2017年3月的进项税额。

【解析】

进项税额=6 000×11%+20 000×6%=1 860 （元）

【例2-10】某电器生产企业是增值税一般纳税人，2017年3月购进一幢楼房作为办公楼使用，当月取得了房地产公司开具的增值税专用发票，该楼房的买价为5 000 000元，适用的增值税税率为11%。

要求：计算该楼房2017年3月和2018年3月的可抵扣进项税额。

【解析】

2017年3月的可抵扣进项税额=5 000 000×11%×60%=330 000（元）

2018年3月的可抵扣进项税额=5 000 000×11%×40%=220 000（元）

（5）纳税人自用的应征消费税的摩托车、汽车、游艇，其进项税额准予从销项税额中抵扣。

1.2.2 不得从销项税额中抵扣的进项税额

一般纳税人购进货物、加工修理修配劳务、服务、无形资产或者不动产时，取得的增值税扣税凭证不符合法律、行政法规或者国务院税务主管部门有关规定的，其进项税额不得从销项税额中抵扣。这里所称的增值税扣税凭证，是指增值税专用发票、海关进口增值税专用缴款书、农产品收购发票和农产品销售发票等。

根据《增值税暂行条例实施细则》和《营业税改征增值税试点实施办法》的规定，下列项目的进项税额不得从销项税额中抵扣：

（1）用于简易计税方法的计税项目、免征增值税项目、集体福利或者个人消费的购进货物、加工修理修配劳务、服务、无形资产或者不动产。

需要注意，纳税人的交际应酬消费属于个人消费。

（2）非正常损失的购进货物，以及相关的加工修理修配劳务和交通运输服务。

非正常损失，是指因管理不善造成被盗、丢失、霉烂变质，以及因违反法律法规造成货物或者不动产被依法没收、销毁、拆除的情形（下同）。

（3）非正常损失的在产品、产成品所耗用的购进货物（不包括固定资产）、加工修理修配劳务和交通运输服务。

（4）非正常损失的不动产，以及该不动产所耗用的购进货物、设计服务和建筑服务。

（5）非正常损失的不动产在建工程所耗用的购进货物、设计服务和建筑服务。

这种情况下，已抵扣的进项税额应于当期全部转出，其待抵扣进项税额不得抵扣。

（6）购进的旅客运输服务、贷款服务、餐饮服务、居民日常服务和娱乐服务。

（7）纳税人接受贷款服务向贷款方支付的与该笔贷款直接相关的投融资顾问费、手续费、咨询费等费用，其进项税额不得从销项税额中抵扣。

（8）财政部和国家税务总局规定的其他情形。

需要特别注意的是，已抵扣进项税额的固定资产、无形资产或者不动产，发生了上述不得从销项税额中抵扣的情形的，应按照以下公式计算不得抵扣的进项税额：

不得抵扣的进项税额=固定资产、无形资产或者不动产的净值×适用税率

【例2-11】 一般纳税人增值税计算综合实例。

资料：某生产企业为增值税一般纳税人，其产品适用增值税税率为17%，2017年3月份的有关生产经营业务如下：

（1）销售甲产品一批给某商场，开具增值税专用发票，不含税销售额为85万元。

（2）销售乙产品给某个体工商户，开具增值税普通发票，含税销售额为29.25万元。

（3）将试制的一批新丙产品发放给职工作为福利，其生产成本为20万元，成本利润率为10%，该新产品无同类产品市场销售价格。

（4）购进原材料一批，取得的增值税专用发票上注明的不含税买价为50万元、增值税税率17%；本月下旬发现该批原材料的20%因管理不善导致霉烂损毁。

（5）购进办公用房一套，取得的增值税专用发票上注明的不含税买价为50万元、增值税税率11%。

（6）接受某会计师事务所提供的审计服务，取得的增值税专用发票上注明的不含税审计费为2万元、增值税税率6%。

要求：请按下列顺序计算该企业3月份应缴纳的增值税税额。

（1）计算销售甲产品的销项税额。

（2）计算销售乙产品的销项税额。

（3）计算作为福利用丙产品的销项税额。

（4）计算购进原材料应抵扣的进项税额。

（5）计算购进办公用房应抵扣的进项税额。

（6）计算接受审计服务应抵扣的进项税额。

（7）计算该企业3月份应缴纳的增值税税额。

【解析】

（1）销售甲产品的销项税额=85×17%=14.45（万元）

（2）销售乙产品的销项税额=29.25÷（1+17%）×17%=4.25（万元）

（3）作为福利用丙产品的销项税额=20×（1+10%）×17%=3.74（万元）

（4）购进原材料应抵扣的进项税额=50×17%-50×20%×17%=6.8（万元）

（5）购进办公用房应抵扣的进项税额=50×11%×60%=3.3（万元）

（6）接受审计服务应抵扣的进项税额=2×6%=0.12（万元）

（7）该企业3月份应缴纳的增值税税额=14.45+4.25+3.74-6.8-3.3-0.12=12.22（万元）

2.小规模纳税人增值税的计算

小规模纳税人销售货物或者提供应税劳务，实行按照销售额和征收率计算应纳税额的简易办法，并且不得抵扣进项税额。其应纳税额计算公式为：

应纳税额=销售额×征收率

目前小规模纳税人适用的增值税征收率为3%。

这里需要注意两点：

第一，小规模纳税人取得的销售额与本任务中前述的销售额所包含的内容是一致的，都是销售货物或提供应税劳务向购买方收取的全部价款和价外费用，但是不包括按3%的征收率收取的增值税税额。

第二，小规模纳税人不得抵扣进项税额，这是因为，小规模纳税人会计核算不健全，不能准确核算销项税额和进项税额，不实行按销项税额抵扣进项税额求得应纳税额的税款抵扣制度，而实行简易计税办法；且《增值税暂行条例》规定的3%的征税率，是结合增值税一般纳税人的税收负担水平而设计的，其税收负担与一般纳税人基本一致，因此不能再抵扣进项税额。

当小规模纳税人销售货物或者提供应税劳务采用销售额和应纳税额合并定价方法的，按下列公式计算其不含税销售额：

不含税销售额=含税销售额÷（1+征收率）

【例2-12】某商店为增值税小规模纳税人，2017年3月份取得零售收入总额8.24万元。

要求：计算该商店8月份缴纳的增值税税额。

【解析】

（1）2017年3月份取得的不含税销售额=8.24÷（1+3%）= 8（万元）

（2）8月份应缴纳增值税税额=8×3%=0.24（万元）

小规模纳税人因销售货物退回或者折让而退还给购买方的销售额，应从发生销售货物退回或者折让当期的销售额中扣减。

3.进口货物增值税的计算

3.1　进口货物的征税范围

根据《增值税暂行条例》的规定，一般纳税人或小规模纳税人申报进入中华人民共和国海关境内的货物，均应缴纳增值税。

确定一项货物是否属于进口货物，首先必须看其是否有报关进口手续。一般来说，境外产品要输入境内，都必须向我国海关申报进口，并办理有关报关手续。只要是报关进口的应税货物，不论是国外生产制造还是我国已出口而转销国内的货物，是进口者自行采购还是国外捐赠的货物，是进口者自用还是作为贸易或其他用途等，均应按照规定缴纳进口环节的增值税。

国家在规定对进口货物征税的同时，对某些进口货物制定了减免税的特殊规定。对进口货物是否减免税由国务院统一规定，任何地方、部门都无权规定减免税项目。

@ 知识链接

海关简介

海关，是代表国家在进出关境环节实施监督管理的机关。《中华人民共和国海关法》规定，国务院设立海关总署，统一管理全国海关。海关机构的设置一般分为海关总署、直属海关和隶属海关三级。海关实行垂直领导的体制，即隶属海关由直属海关领导，向直属海关负责；直属海关由海关总署领导，向海关总署负责。海关按照《中华人民共和国海关法》和国家有关法律、法规，在国家赋予的职权范围内自主地、全权地行使海关监督管理权，不受地方政府（包括同级党的机构）和有关部门的干预。

3.2　进口货物的纳税人

进口货物的收货人或办理报关手续的单位和个人，为进口货物增值税的纳税义务人。也就是说，进口货物增值税的纳税义务人的范围较宽，包括了国内一切从事进口业务的企业事业单位、机关团体和个人。

3.3 进口货物应纳税额的计算

纳税人进口货物，按照组成计税价格和《增值税暂行条例》规定的税率计算应纳税额。

进口货物增值税组成计税价格和应纳税额的计算公式为：

组成计税价格=关税完税价格+关税+消费税

应纳税额=组成计税价格×税率

对以上公式，需要注意以下几点：

（1）公式中的关税完税价格一般是以海关审定的成交价格为基础的到岸价格作为完税价格。到岸价格，包括货价，加上货物运抵我国关境内输入地点起卸前的包装费、运费、保险费和其他劳务费等费用构成的价格。

（2）进口货物增值税的组成计税价格中包括已纳关税税额，如果进口货物属于消费税应税消费品，其组成计税价格中还要包括进口环节已纳消费税税额。

（3）在计算进口环节的应纳增值税税额时不得抵扣任何税额，即在计算进口环节的应纳增值税税额时，不得抵扣发生在我国境外的各种税金。

（4）纳税人进口货物取得的合法海关完税凭证，是计算增值税进项税额的唯一依据。

【例2-13】某商场2017年3月进口货物一批。该批货物在国外的买价为40万元，另该批货物运抵我国海关前发生包装费、运输费、保险费等共计20万元。货物报关时，商场按规定缴纳了关税9万元，该批货物适用的增值税税率为17%。

要求：计算该批进口货物应缴纳的增值税额。

【解析】

该批进口货物的组成计税价格=40+20+9=69（万元）

应缴纳的增值税税额=69×17%=11.73（万元）

3.4 进口货物的税收管理

进口货物的增值税由海关代征。

进口货物，增值税纳税义务发生时间为报关进口的当天，其纳税地点应当由进口人或其代理人向报关地海关申报纳税，其纳税期限应当自海关填发海关进口增值税专用缴款书之日起15日内缴纳税款。

4.增值税的税收优惠

4.1 增值税的免税项目

4.1.1 《增值税暂行条例》规定的免税项目

（1）农业生产者销售的自产农产品。

农业，是指种植业、养殖业、林业、牧业、水产业。农业生产者，包括从事农业生产的单位和个人。

农产品，是指直接从事植物的种植、收割和动物的饲养、捕捞的单位与个人销售的自产农产品，具体范围由财政部、国家税务总局确定。

（2）避孕药品和用具。

（3）古旧图书。

（4）直接用于科学研究、科学试验和教学的进口仪器、设备。

（5）外国政府、国际组织无偿援助的进口物资和设备。

（6）由残疾人的组织直接进口供残疾人专用的物品。

（7）销售自己使用过的物品。

4.1.2　"营改增"试点过渡政策的免税项目

（1）托儿所、幼儿园提供的保育和教育服务。

（2）养老机构提供的养老服务。

（3）残疾人福利机构提供的育养服务。

（4）婚姻介绍服务。

（5）殡葬服务。

（6）残疾人员本人为社会提供的服务。

（7）医疗机构提供的医疗服务。

（8）从事学历教育的学校提供的教育服务等。

"营改增"试点过渡政策涉及的免税项目较多，不再一一列举。

4.2　增值税起征点的规定

增值税起征点的规定实际也涉及征税范围的大小问题，即未达到起征点的，不列入增值税的征税范围。达到起征点的，全额计算缴纳增值税。

增值税起征点的适用范围限于个人。

增值税起征点的幅度规定如下：

（1）销售货物、加工修理修配劳务、服务等并按期纳税的，为月销售额5 000～20 000元（含20 000元）。

（2）按次纳税的，为每次（日）销售额300～500元。

上述所称的销售额，是指小规模纳税人的不含税销售额。

省、自治区、直辖市财政厅（局）和国家税务局应在规定的幅度内，根据实际情况确定本地区适用的起征点，并报财政部、国家税务总局备案。

4.3　小微企业的免税规定

（1）增值税小规模纳税人销售货物或提供加工修理修配劳务的，月销售额不超过3万元（含3万元）的，免征增值税。其中，以1个季度为纳税期限的小规模纳税人，季度销售额不超过9万元的，免征增值税。

（2）"营改增"的小规模纳税人，月销售额不超过2万元（含2万元）的，免征增值税。

任务三　　申报缴纳增值税

情境导入

　　小张同学通过学习，掌握了一般纳税人和小规模纳税人的增值税计算方法，他已经会计算所代理的电器生产企业的增值税应纳税额了。公司的税务师告诉他在计算出应纳税额后，下一步就需要进行增值税的纳税申报。现在他需要学习增值税的征收管理规定和纳税申报流程，并掌握增值税纳税申报表的填制方法。

1.纳税义务发生的时间

纳税义务发生的时间，是纳税人发生应税行为应当承担纳税义务的起始时间。

税法明确规定纳税义务发生时间的作用在于：（1）正式确认纳税人已经发生属于税法规定的应税行为，应承担纳税义务。（2）有利于税务机关实施税务管理，合理规定申报期限和纳税期限，监督纳税人切实履行纳税义务。

销售货物或者应税劳务的纳税义务发生时间可以分为一般规定和具体规定。

1.1 一般规定

（1）纳税人销售货物、加工修理修配劳务、服务、无形资产或不动产的，其纳税义务发生时间为收讫销售款项或者取得索取销售款项凭据的当天；先开具发票的，为开具发票当天。

（2）纳税人进口货物，其纳税义务发生时间为报关进口的当天。

（3）增值税扣缴义务发生时间为纳税人增值税纳税义务发生的当天。

1.2 具体规定

纳税人收讫销售款项或者取得索取销售款项凭据的当天，按销售结算方式的不同，具体为：

（1）采取直接收款方式销售货物，不论货物是否发出，均为收到销售款项或者取得索取销售款项凭据的当天；先开具发票的，为开具发票当天。

（2）采取托收承付和委托银行收款方式销售货物，为发出货物并办妥托收手续的当天。

> 请注意　销售结算方式不同，纳税义务的发生时间则不同，要严格区分，不能混淆。

（3）采取赊销和分期收款方式销售货物，为书面合同约定的收款日期的当天，无书面合同的或者书面合同没有约定收款日期的，为货物发出的当天。

（4）采取预收货款方式销售货物，为货物发出的当天，但销售生产工期超过12个月的大型机械设备、船舶、飞机等货物，为收到预收货款或者书面合同约定的收款日期的当天。

（5）委托其他纳税人代销货物，为收到代销单位的代销清单或者收到全部或者部分货款的当天。未收到代销清单及货款的，为发出代销货物满180天的当天。

（6）销售应税劳务，为提供劳务同时收讫销售款或者取得索取销售款的凭据的当天。

（7）销售货物的纳税人发生视同销售行为的，一般为货物移送的当天；销售服务、无形资产、不动产的纳税人发生视同销售行为的，其纳税义务发生时间为服务、无形资产转让完成的当天或者不动产权属变更的当天。

（8）纳税人提供建筑服务、租赁服务采取预收款方式的，其纳税义务发生时间为收到预收款的当天。

（9）纳税人从事金融商品转让的，为金融商品所有权转移的当天。

上述纳税义务发生时间的确定，明确了企业在计算应纳税额时，对"当期销项税额"时间的限定，是增值税计税和征收管理中重要的规定。企业必须按上述规定的时限及时、准确地记录销售额和计算当期销项税额。

2.纳税期限

在明确了增值税纳税义务发生时间后，还需要掌握具体纳税期限，以保证按期缴纳税款。增值税的纳税期限分别为1日、3日、5日、10日、15日、1个月或者1个季度。

纳税人的具体纳税期限，由主管税务机关根据纳税人应纳税额的大小分别核定；不能按照固定期限纳税的，可以按次纳税。以1个季度为纳税期限的规定仅适用于小规模纳税人、银行、财务公司、信托投资公司、信用社，以及财政部和国家税务总局规定的其他纳税人。

纳税人以1个月或者1个季度为一个纳税期的，自期满之日起15日内申报纳税；以1日、3日、5日、10日或者15日为一个纳税期的，自期满之日起5日内预缴税款，于次月1日起15日内申报纳税并结清上月应纳税款。

扣缴义务人解缴税款的期限，依照前两款规定执行。

纳税人进口货物，应当自海关填发进口增值税专用缴纳书之日起15日内缴纳税款。

3.纳税地点

为了保证纳税人按期申报纳税，根据企业跨地区经营和搞活商品流通的特点及不同情况，税法还具体规定了增值税的纳税地点：

（1）固定业户应当向其机构所在地的主管税务机关申报纳税。总机构和分支机构不在同一县（市）的，应当分别向各自所在地的主管税务机关申报纳税；经国务院财政、税务主管部门或者其授权的财政、税务机关批准，可以由总机构汇总向总机构所在地的主管税务机关申报纳税。

（2）固定业户到外县（市）销售货物或者应税劳务，应当向其机构所在地的主管税务机关申请开具外出经营活动税收管理证明，并向其机构所在地的主管税务机关申报纳税；未开具证明的，应当向销售地或者劳务发生地的主管税务机关申报纳税；未向销售地或者劳务发生地的主管税务机关申报纳税的，由其机构所在地的主管税务机关补征税款。

（3）非固定业户销售货物或者应税劳务，应当向销售地或者劳务发生地的主管税务机关申报纳税；未向销售地或者劳务发生地的主管税务机关申报纳税的，由其机构所在地或者居住地的主管税务机关补征税款。

非固定业户销售服务、无形资产或不动产的，应当向其应税行为发生地主管税务机关申报纳税；未申报纳税的，由其机构所在地或者居住地的主管税务机关补征税款。

（4）其他个人提供建筑服务、销售或租赁不动产、转让自然资源使用权，应向建筑服务发生地、不动产所在地、自然资源所在地主管税务机关申报纳税。

（5）进口货物，应当向报关地海关申报纳税。

（6）扣缴义务人应当向其机构所在地或者居住地的主管税务机关申报缴纳其扣缴的税款。

4.一般纳税人的增值税纳税申报表

一般纳税人在进行增值税纳税申报时，需填写的纳税申报表及其附列资料包括：

（1）《增值税纳税申报表（一般纳税人适用）》。

（2）《增值税纳税申报表附列资料（一）》（本期销售情况明细）。

（3）《增值税纳税申报表附列资料（二）》（本期进项税额明细）。

（4）《增值税纳税申报表附列资料（三）》（服务、不动产和无形资产扣除项目明细）。

（5）《增值税纳税申报表附列资料（四）》（税额抵减情况表）。

（6）《增值税纳税申报表附列资料（五）》（不动产分期抵扣计算表）。

（7）《固定资产（不含不动产）进项税额抵扣情况表》。

（8）《本期抵扣进项税额结构明细表》。

（9）《增值税减免税申报明细表》。

本书仅列示其中的《增值税纳税申报表（一般纳税人适用）》，见表2-1：

表2-1   **增 值 税 纳 税 申 报 表**

（一般纳税人适用）

根据国家税收法律法规及增值税相关规定制定本表。纳税人不论有无销售额，均应按主管税务机关核定的纳税期限填写本表，并向当地税务机关申报。

税款所属时间：自 年 月 日至 年 月 日 填表日期： 年 月 日   金额单位：元至角分

纳税人识别号											所属行业：		
纳税人名称		（公章）	法定代表人姓名		注册地址			生产经营地址					
开户银行及账号			登记注册类型			电话号码							

项 目		栏 次	一般项目		即征即退项目	
			本月数	本年累计	本月数	本年累计
销售额	（一）按适用税率计税销售额	1				
	其中：应税货物销售额	2				
	应税劳务销售额	3				
	纳税检查调整的销售额	4				
	（二）按简易办法计税销售额	5				
	其中：纳税检查调整的销售额	6				
	（三）免、抵、退办法出口销售额	7			—	—
	（四）免税销售额	8			—	—
	其中：免税货物销售额	9			—	—
	免税劳务销售额	10			—	—
税款计算	销项税额	11				
	进项税额	12				
	上期留抵税额	13		—		—
	进项税额转出	14				
	免、抵、退应退税额	15			—	—
	按适用税率计算的纳税检查应补缴税额	16			—	—
	应抵扣税额合计	17=12+13-14-15+16		—		—
	实际抵扣税额	18（如17<11，则为17，否则为11）				
	应纳税额	19=11-18				
	期末留抵税额	20=17-18		—		—
	简易计税办法计算的应纳税额	21				
	按简易计税办法计算的纳税检查应补缴税额	22			—	—
	应纳税额减征额	23				
	应纳税额合计	24=19+21-23				

项　目	栏　次	一般项目		即征即退项目	
		本月数	本年累计	本月数	本年累计
期初未缴税额（多缴为负数）	25				
实收出口开具专用缴款书退税额	26			—	—
本期已缴税额	27=28+29+30+31				
①分次预缴税额	28			—	—
②出口开具专用缴款书预缴税额	29			—	—
③本期缴纳上期应纳税额	30				
④本期缴纳欠缴税额	31				
期末未缴税额（多缴为负数）	32=24+25+26-27				
其中：欠缴税额（≥0）	33=25+26-27			—	—
本期应补（退）税额	34=24-28-29				
即征即退实际退税额	35	—	—		
期初未缴查补税额	36			—	—
本期入库查补税额	37			—	—
期末未缴查补税额	38=16+22+36-37			—	—

税款缴纳 — 左侧纵向标题

授权声明	如果你已委托代理人申报，请填写下列资料： 　　为代理一切税务事宜，现授权 　　（地址） 　　　　为本纳税人的代理申报人，任何与本申报表有关的往来文件，都可寄予此人。 授权人签字：	申报人声明	本纳税申报表是根据国家税收法律法规及相关规定填报的，我确定它是真实的、可靠的、完整的。 声明人签字：

主管税务机关：　　　　　　接收人：　　　　　　接收日期：

5. 小规模纳税人的增值税纳税申报表

小规模纳税人在进行增值税纳税申报时，需填写的纳税申报表及其附列资料包括：

（1）《增值税纳税申报表（小规模纳税人适用）》。

（2）《增值税纳税申报表（小规模纳税人适用）附列资料》。

（3）《增值税减免税申报明细表》。

本书仅列示其中的《增值税纳税申报表（小规模纳税人适用）》，见表2-2。

6. 增值税专用发票的使用及管理要求

纳税人常用的增值税发票包括增值税专用发票、增值税普通发票、增值税电子普通发票等。

增值税一般纳税人可以自行开具增值税专用发票、增值税普通发票和增值税电子普通发票。

增值税小规模纳税人一般只能自行开具增值税普通发票和增值税电子普通发票，若对方需要增值税专用发票，需要向税务机关申请代开。

其他纳税人如自然人，同样只能通过向税务机关申请代开的方式开具增值税专用发票和增值税普通发票。

表2-2

增 值 税 纳 税 申 报 表

（小规模纳税人适用）

纳税人识别号：

纳税人名称（公章）：　　　　　　　　　　　　　　　　　　　　　金额单位：元至角分

税款所属期：　年　月　日至　年　月　日　　填表日期：　年　月　日

项　目	栏次	本期数		本年累计	
		应税货物及劳务	应税服务	应税货物及劳务	应税服务
一、计税依据　（一）应征增值税不含税销售额	1				
税务机关代开的增值税专用发票不含税销售额	2				
税控器具开具的普通发票不含税销售额	3				
（二）销售使用过的应税固定资产不含税销售额	4			—	—
其中：税控器具开具的普通发票不含税销售额	5			—	—
（三）免税销售额	6				
其中：小微企业销售额	7				
未达起征点销售额	8				
其他免税销售额	9				
（四）出口免税销售额	10（10≥11）				
其中：税控器具开具的普通发票销售额	11				
二、税款计算　本期应纳税额	12				
本期应纳税额减征额	13				
本期免税额	14				
其中：小微企业免税额	15				
未达起征点免税额	16				
应纳税额合计	17=12-13				
本期预缴税额	18			—	—
本期应补（退）税额	19=17-18			—	—

纳税人或代理人声明：	如纳税人填报，由纳税人填写以下各栏：	
本纳税申报表是根据国家税收法律法规及相关规定填报的，我确定它是真实的、可靠的、完整的。	办税人员：	财务负责人：
	法定代表人：	联系电话：
	如委托代理人填报，由代理人填写以下各栏：	
	代理人名称（公章）：	经办人：
		联系电话：

主管税务机关：　　　　　　接收人：　　　　　　接收日期：

本书重点介绍增值税专用发票的使用及管理要求。

增值税专用发票（以下简称专用发票）不仅是纳税人经济活动中的重要商业凭证，而且是兼记销货方销项税额和购货方进项税额进行税款抵扣的凭证，对增值税的计算和管理起着决定性的作用，因此，正确使用增值税专用发票是十分重要的。

根据《增值税暂行条例》的规定，1993年12月30日，国家税务总局制定了《增值税专用发票使用规定》，自1994年1月1日起执行。针对增值税专用发票使用过程中出现的诸多问题，比如，不按规定开具专用发票，代开、虚开专用发票，盗窃、丢失、伪造、买卖专用发票等严重违法现象，国家加强了对增值税专用发票的管理，1995年10月30日全国人大常委会还专门发布了《关于惩治虚开、伪造和非法出售增值税专用发票犯罪的决定》，

> 想一想　虚开、伪造和非法出售增值税专用发票的犯罪行为会带来什么危害？

对在增值税专用发票上出现的各种违法行为给予严厉惩处。因此，纳税人必须认真掌握有关增值税专用发票的各项规定，杜绝违法行为的发生。

@ 知识链接

虚开增值税专用发票的案例分析

（1）案例：

2012年，王某与他人注册成立广州某实业发展有限公司（以下简称实业公司），王某任该公司法定代表人。在2012年11月至2013年6月期间，为抵扣以实业公司名义开出的销项增值税专用发票，王某以支付手续费的方式，从不法分子处非法购得增值税专用发票，为实业公司虚开增值税专用发票24套，涉及金额7 005 623.69元，税额1 190 956.03元，并用作进项发票向税务机关申报抵扣了税款。

税务机关对实业公司做出了不予抵扣进项税款，补缴增值税的税务处理决定，并将该案移送司法机关处理。

（2）评析：

本案中，实业公司的行为违反了《增值税暂行条例》等税收实体法。《增值税暂行条例》第九条规定："纳税人购进货物或者应税劳务，未按照规定取得并保存增值税扣税凭证，或者增值税扣税凭证上未按照规定注明增值税额及其他有关事项的，其进项税额不得从销项税额中抵扣。"因此，税务机关对实业公司做出税务处理的决定，该公司取得的24套增值税发票所涉及的进项税额1 190 956.03元不得从销项税额中抵扣，已抵扣的税额应作进项税额转出，若该公司当期有留抵税额可予冲减，若无留抵税额，须直接补缴税款1 190 956.03元。

同时，实业公司和王某的行为已触犯《中华人民共和国刑法》，涉嫌构成虚开增值税专用发票罪。

《中华人民共和国刑法》第二百零五条规定："虚开增值税专用发票或者虚开用于骗取出口退税、抵扣税款的其他发票的，处三年以下有期徒刑或者拘役，并处二万元以上二十万元以下罚金；虚开的税款数额较大或者有其他严重情节的，处三年以上十年以下有期徒刑，并处五万元以上五十万元以下罚金；虚开的税款数额巨大或者有其他特别严重情节的，处十年以上有期徒刑或者无期徒刑，并处五万元以上五十万元以下罚金或者没收财产。

有前款行为骗取国家税款，数额特别巨大，情节特别严重，给国家利益造成特别重大损失的，处无期徒刑或者死刑，并处没收财产。

单位犯本条规定之罪的，对单位判处罚金，并对其直接负责的主管人员和其他直接责任人员，处三年以下有期徒刑或者拘役；虚开的税款数额较大或者有其他严重情节的，处三年以上十年以下有期徒刑；虚开的税款数额巨大或者有其他特别严重情节的，处十年以上有期徒刑或者无期徒刑。

虚开增值税专用发票或者虚开用于骗取出口退税、抵扣税款的其他发票，是指有为他人虚开、为自己虚开、让他人为自己虚开、介绍他人虚开行为之一的。"

本案中，该实业公司违反国家发票管理法规，多次为自己虚开增值税专用发票，虚开的税款数额巨大（根据最高人民法院《关于适用〈全国人民代表大会常务委员会关于惩治虚开、伪造和非法出售增值税专用发票犯罪的决定〉的若干问题的解释》，虚开税款数额50万元以上的，属于"虚开的税款数额巨大"），其行为破坏了社会主义市场经济秩序和国家对增值税专用发票的监督管理制度，已构成虚开增值税专用发票罪。王某是实业公司的法定代表人，并直接参与了为自己虚开增值税专用发票的行为，是直接责任人员，其行为已构成虚开增值税专用发票罪。

从以上的分析不难看出，实业公司为自己虚开增值税专用发票抵扣进项税款的行为不仅产生了补缴税款的行政责任，而且产生了刑事责任。除税务机关责令其缴纳税款外，人民法院还将对其判处罚金。另外，虚开增值税专用发票罪实行的是双罚制，不仅对犯虚开增值税专用发票罪的单位要追究刑事责任，对直接负责的主管人员和其他直接责任人员同样也要追究刑事责任。

为适应增值税专用发票管理需要，规范增值税专用发票使用，进一步加强增值税征收管理，在广泛征求意见的基础上，国家税务总局对原《增值税专用发票使用规定》进行了修订，并自2007年1月1日起施行。

增值税专用发票，是增值税一般纳税人销售货物、劳务、服务、无形资产或不动产开具的发票，是购买方支付增值税税额并可按照有关规定据以抵扣增值税进项税额的凭证。

一般纳税人应通过增值税防伪税控系统使用专用发票。使用，包括领购、开具、缴销、认证、稽核比对专用发票及其相应的数据电文。

上述所称防伪税控系统，是指经国务院同意推行的，使用专用设备和通用设备、运用数字密码和电子存储技术管理专用发票的计算机管理系统。"专用设备"是指金税卡、IC卡、读卡器和其他设备。"通用设备"是指计算机、打印机、扫描器具和其他设备。

6.1　增值税专用发票的联次及用途

增值税专用发票由基本联次或者基本联次附加其他联次构成，基本联次为三联，分别为：

（1）发票联，作为购买方核算采购成本和增值税进项税额的记账凭证。

（2）抵扣联，作为购买方报送主管税务机关认证和留存备查的扣税凭证。

（3）记账联，作为销售方核算销售收入和增值税销项税额的记账凭证。

其他附加联次的用途，由一般纳税人自行确定。自2014年8月1日起，启用新版增值税专用发票，票样如图2-1所示。

6.2　增值税专用发票的领购

一般纳税人凭《发票领购簿》、金税盘（或IC卡）和经办人身份证明领购增值税专用发票。

一般纳税人有下列情形之一的，不得领购开具增值税专用发票：

（1）会计核算不健全，不能向税务机关准确提供增值税销项税额、进项税额、应纳税额数据及其他有关增值税税务资料的。

（2）有《税收征管法》规定的税收违法行为，拒不接受税务机关处理的。

（3）有下列行为之一，经税务机关责令限期改正而仍未改正的：

××× 增值税专用发票

发　票　联

№

开票日期：　　年　月　日

购货单位	名称： 纳税人税号： 地址、电话： 开户行及账号：						密码区		第一联　发票联　购货方记账凭证
	货物或应税劳务、服务名称	规格型号	单位	数量	单价	金额	税率（%）	税额	
	合计								
价税合计（大写）							（小写）　¥		
销货单位	名称： 纳税人税号： 地址、电话： 开户行及账号：						备注		

收款人：　　　　　复核：　　　　　开票人：　　　　　销售方（盖章）：

图2-1　增值税专用发票票样

①虚开增值税专用发票。

②私自印制增值税专用发票。

③向税务机关以外的单位和个人买取增值税专用发票。

④借用他人增值税专用发票。

⑤未按规定开具增值税专用发票。

⑥未按规定保管增值税专用发票和专用设备。

有下列情形之一的，属于未按规定保管增值税专用发票和专用设备：未设专人保管增值税专用发票和专用设备；未按税务机关要求存放增值税专用发票和专用设备；未将认证相符的增值税专用发票抵扣联、《认证结果通知书》和《认证结果清单》装订成册；未经税务机关查验，擅自销毁增值税专用发票基本联次。

⑦未按规定申请办理防伪税控系统变更发行。

⑧未按规定接受税务机关检查。

有以上情形的，如已领购增值税专用发票，主管税务机关应暂扣其结存的增值税专用发票和IC卡。

6.3　增值税专用发票的使用管理

（1）开票限额。

增值税专用发票实行最高开票限额管理。最高开票限额，是指单份增值税专用发票开具的销售额合计数不得达到的上限额度。

最高开票限额由一般纳税人申请，税务机关依法审批。最高开票限额为10万元及以下的，由区（县）级税务机关审批；最高开票限额为100万元的，由地市级税务机关审批；最高开票限额为1 000万元及以上的，由省级税务机关审批。防伪税控系统的具体发行工作由区县级税务机关负责。

（2）开具范围。

一般纳税人销售货物、劳务、服务、无形资产或不动产，一般应向购买方开具增值税专用发票。

属于下列情形之一的，不得开具增值税专用发票：

①商业企业一般纳税人零售的烟、酒、食品、服装、鞋帽（不包括劳保专用部分）、化妆品等消费品的。

②销售货物、劳务、服务、无形资产或不动产适用免税规定的（法律、法规及国家税务总局另有规定的除外）。

③向消费者个人销售货物、劳务、服务、无形资产或不动产的。

④小规模纳税人销售货物、劳务、服务、无形资产或不动产的（需要开具专用发票的，可向主管税务机关申请代开）。

（3）开具要求。

增值税专用发票应按下列要求开具：

①项目齐全，与实际交易相符。

②字迹清楚，不得压线、错格。

③发票联和抵扣联加盖财务专用章或者发票专用章。

④按照增值税纳税义务的发生时间开具。

对不符合上列要求的专用发票，购买方有权拒收。

（4）增值税专用发票的保管要求。

①纳税人必须严格按《增值税专用发票使用规定》保管使用专用发票，对违反规定发生被盗、丢失专用发票的纳税人，按《税收征管法》和《发票管理办法》的规定，处以1万元以下的罚款，并可视具体情况，对丢失专用发票的纳税人，在一定期限内（最长不超过半年）停止领购专用发票；对纳税人申报遗失的专用发票，如发现非法代开、虚开问题的，该纳税人应承担偷税、骗税的连带责任。

②纳税人丢失专用发票后，必须按规定程序向当地主管税务机关、公安机关报失。各地税务机关在对丢失专用发票的纳税人按规定进行处罚的同时，代为收取"挂失登报费"，并将丢失专用发票的纳税人名称、发票份数、字轨号码、盖章与否等情况，统一传（寄）中国税务报社刊登"遗失声明"。传（寄）中国税务报社的"遗失声明"，必须经县（市）国家税务机关审核盖章、签署意见。

✎ 思考题

1.增值税的概念是什么？增值税有哪些特征？

2.增值税的类型有哪些？

3.增值税一般纳税人和小规模纳税人的认定标准分别是什么？

4.增值税的一般征税范围包括哪些？应征收增值税的视同销售行为有哪些？

5.一般纳税人和小规模纳税人的增值税计算有什么区别？

6. 准予从销项税额中抵扣的进项税额有哪些？不得从销项税额中抵扣的进项税额有哪些？

7. 增值税的免税项目有哪些？

8. 增值税的纳税义务发生时间应如何确定？

9. 增值税专用发票的基本联次有哪些？各自的作用是什么？

10. 增值税专用发票的开具范围包括哪些？增值税专用发票的开具要求有哪些？

实训题

1. 某饮料生产企业是增值税一般纳税人，2017年2月份发生了下列经济业务：

（1）2月2日，销售给某商场500箱饮料，每箱价格为200元（不含税），适用的增值税税率为17%，另外收取包装箱的租金4680元，开具了增值税专用发票。

（2）2月16日，将20箱新研制的饮料发给职工作为福利，无同类产品市场售价。这20箱饮料的生产成本为3000元，成本利润率为10%，适用的增值税税率为17%。

要求：计算该企业2月份的增值税销项税额。

2. 某商场是增值税一般纳税人，2017年3月份发生了下列经济业务：

（1）3月5日，销售给某公司电脑50台，每台价格为4000元（不含税），适用的增值税税率为17%，同时用本单位的货车将该50台电脑运到该公司，另收取运输费1755元，向对方开具了增值税专用发票。

（2）3月11日，采用以旧换新方式销售给某公司复印机2台，每台售价5000元（不含税），开具了增值税专用发票，适用的增值税税率为17%。同时回收旧复印机2台，每台作价1000元。

要求：计算该商场3月份的增值税销项税额。

3. 某食品店是增值税一般纳税人，2017年4月份发生了下列经济业务：

（1）4月16日，销售给甲公司100箱食品，每箱价格为200元（不含税），适用的增值税税率为17%，开具了增值税专用发票，另收取出借包装箱的押金1170元。

（2）4月30日，收到甲公司的通知，出借的包装箱由于意外事故全部被毁损，该食品店按约定将收取的押金全部予以没收。

要求：计算该食品店4月份的增值税销项税额。

4. 某商店是增值税一般纳税人，2017年3月份发生了下列经济业务：

（1）3月10日，从某服装公司购进服装100件，每件价格200元（不含税），适用的增值税税率为17%，取得了该服装公司开具的增值税专用发票。

（2）3月12日，从当地农民手中购入大米（属于免税农产品）1000千克，每千克价格4元，取得了农产品收购发票。同时支付运输公司的运输费800元（不含税），适用的增值税税率为11%，取得了运输公司开具的增值税专用发票。

（3）3月26日，支付给某律师事务所法律咨询费2000元（不含税），适用的增值税税率为6%，取得了该律师事务所开具的增值税专用发票。

（4）3月31日，发现库存的糖果有10箱因为保管不善而变质损坏，经确认，购进该糖果时取得的增值税专用发票上的购进价格为100元/箱（不含税），适用的增值税税率为17%。

要求：计算该商店3月份的可抵扣的增值税进项税额。

5.某家具生产企业是增值税一般纳税人，2017年4月份发生了下列经济业务：

（1）4月2日，销售给某家具城600张餐桌，每张价格为1 200元（不含税），适用的增值税税率为17%，开具了增值税专用发票。

（2）4月13日，购入木板2 000平方米，每平方米买价为30元（不含税），适用的增值税税率为17%，收到了对方开具的增值税专用发票。同时支付木板的运输费600元（不含税），适用的增值税税率为11%，收到了运输公司开具的增值税专用发票。

（3）4月16日，购入一台生产设备，买价为20 000元（不含税），适用的增值税税率为17%，取得了增值税专用发票。

（4）4月25日，购入4间房屋作为仓库使用，买价为300 000元，适用的增值税税率为11%，取得了对方开具的增值税专用发票。

要求：计算该家具生产企业4月份的应纳增值税税额。

6.某商店是增值税小规模纳税人，2017年4月份共实现零售销售额41 200元。

要求：计算该商店3月份的应纳增值税税额。

7.某超市2017年4月从国外进口化妆品一批。该批货物在国外的买价20万元，该批货物运抵我国海关前发生包装费、运输费、保险费等共计4万元。货物报关时，该超市按规定缴纳了关税6.24万元和消费税12.96万元，该批货物适用的增值税税率为17%。

要求：计算该超市进口化妆品的应纳增值税税额。

项目三
消费税

项目导学

本项目的学习任务主要有消费税的基本知识、计算及申报缴纳。通过对本项目的学习，要求：

◆ 了解消费税的概念、特征、类型；

◆ 掌握消费税的纳税人、征税范围、税目及税率、应纳税额的计算方法；

◆ 熟悉消费税的减免税规定、征收管理及申报缴纳等内容。

项目描述

按照我国消费税暂行条例及实施细则的规定，在我国境内生产、委托加工和进口应税消费品的单位和个人，以及国务院确定的销售应税消费品的其他单位和个人，应申报缴纳消费税。

据不完全统计，全世界约有120多个国家开征了消费税。消费税可分为一般消费税和特种消费税。前者是对所有消费品普遍征收的一种税，通常称为销售税、产品税或商品税。后者是就某些特定的消费品和消费行为征收的一种税。我国目前开征的消费税属于特种消费税，主要是为了调整产品结构，引导消费方向，保证国家财政收入。

消费税属于流转税制中的一个主要税种，一般采用单一环节征税。

项目分析

消费税应纳税额的计算、应税消费品已纳税额的扣除是本项目的重点和难点。消费税采用从价定率计算和从量定额计算，从价定率的应纳税额的多少取决于应税消费品的销售额和适用税率两个因素；从量定额的应纳税额取决于应税消费品的销售数量和单位税额两个因素。所以确定应税消费品的销售额、销售数量是我们学习消费税的关键内容。

任务一   认识消费税

情境导入

　　小张同学在税务代理公司参与代理本市电器生产企业的增值税申报工作一段时间后，税务代理公司的税务师又让小张同学到一家高档化妆品生产企业参与代理消费税的申报工作。小张同学了解到该企业主要缴纳增值税、消费税。于是他在增值税的基础上又对消费税的基本知识进行学习，了解了消费税的概念、特征、与增值税的关系、征税范围、纳税人等内容。

1.消费税的概念和特征

1.1　消费税的概念

　　消费税是对在我国境内从事生产、委托加工和进口应税消费品的单位和个人征收的一种流转税，是对特定的消费品和消费行为在特定的环节征收的一种流转税。

1.2　消费税的特征

　　消费税是以应税消费品为课税对象征收的一种税，在应税产品的选择、税率的设计等方面，与其他流转税相比具有以下特征：

　　（1）课税对象具有一定的选择性。

　　消费税的课税对象具有一定的选择性，其调节范围主要包括：特殊消费品、奢侈品、高能耗产品、不可再生的稀缺资源消费品；一些税基宽广、消费普遍、征收消费税不会影响人民生活水平，具有一定财政意义的普通消费品。

　　（2）实行单一环节征收。

　　我国消费税的纳税环节确定在生产、委托加工和进口环节（金银首饰除外），具有较大的隐蔽性，容易被消费者所接受，可减少消费税对社会的影响。同时，为了避免重复征税，在应税消费品脱离生产环节进入流通领域后，就不再征收，具有征收环节单一性的特点。

> **请注意**　金银首饰在零售环节征收消费税；超豪华小汽车在零售环节加征消费税；卷烟在批发环节加征一道消费税。

　　（3）属价内税，具有转嫁性。

　　消费税属于价内税，即消费税是产品价格的组成部分，税与价格互相补充，共同发挥调节经济的杠杆作用。消费税无论在哪个环节征收，纳税人都可以通过销售将自己所纳的消费税转嫁给消费者。

　　（4）采用产品差别税率。

　　消费税按照产品类别设置税目，分别制定高低不同的税率或税额，以具体规定消费税调节的范围。

　　（5）实行从价定率和从量定额方法征税。

　　为适应不同的应税消费品的不同情况，在征收方法上，消费税采用从价定率、从量定额和从价定率从量定额相结合的三种计税方法。

2.消费税的产生和发展

消费税历史悠久、源远流长。产品税是世界上最古老的税种之一，其原型产生于古罗马。在中国，远在周代就开征了"山泽之赋"，春秋战国时期就有渔税、齿角等税，以后还有征盐税、茶税、矿产品税、皮毛税、竹税、生漆税、糖税、烟税等产品税。盐、铁、酒、茶是我国古代最主要的四大产品税。消费税发展至今，已为世界上绝大多数国家所采用，在各国（特别是发展中国家）财政收入中占有相当比重，并成为国家体现特殊调节的主要政策手段。

我国消费税是在1994年税制改革后建立起来的一个新税种。中华人民共和国成立初期征收货物税，20世纪50年代征收商品流通税，1973年改革实行工商税，1984年工商税制改革分离出产品税、增值税，1994年税制改革确立了我国流转税中增值税和消费税交叉征收的双重调节体系；在增值税普遍调节的基础上，再选择若干消费品课征消费税，以体现国家对某些特定产品进行特殊调节的政策意图。

现行的《中华人民共和国消费税暂行条例》于2008年11月5日经国务院第34次常务会议修订后颁布，2009年1月1日开始正式实施。消费税的改革实施，是使我国税制趋于规范化，并向国际惯例靠拢，适应市场经济要求的重要内容。

自2014年12月1日起，调整现行消费税政策，取消气缸容量250毫升（不含）以下的小排量摩托车消费税；取消汽车轮胎税目；取消车用含铅汽油消费税；取消酒精消费税。自2015年2月1日起对电池、涂料征收消费税。自2016年10月1日起，取消对普通美容、修饰类化妆品征收消费税，将"化妆品"税目名称更名为"高档化妆品"；12月1日起对超豪华小汽车在零售环节加征一道消费税。

3.消费税与增值税的关系

3.1　消费税与增值税的联系

（1）消费税与增值税同属流转税，都是全额征税的税种，不得从销售额中减除任何费用。

（2）消费税与增值税通常是同一计税依据。

3.2　消费税与增值税的区别

（1）消费税是特定征收，增值税是普遍征收。

（2）消费税是价内税（计税依据中含消费税税额），与所得税有直接关系，增值税是价外税（计税依据中不含增值税税额），对所得税没有直接影响。

4.消费税的征收范围

（1）基本规定。

凡在中国境内生产、委托加工和进口规定的应税消费品，均属消费税的征税范围。《中华人民共和国消费税暂行条例》（以下简称《消费税暂行条例》）选择了15类消费品列举征收，具体可归纳为6个类别：

①过度消费会对人类健康、社会秩序、生态环境等方面造成危害的特殊消费品，如鞭炮和焰火等。

②奢侈品和非生活必需品，如贵重首饰及珠宝玉石等。

想一想　彩电、冰箱、手机、高档服装等是否也缴纳消费税？

③高能耗及高档消费品，如摩托车、小汽车、高档手表、游艇等。

④不能再生和替代的石油类消费品，如汽油、柴油等。

⑤具有一定财政意义的产品，如烟、酒等。

⑥不利于增进环保意义、引导消费、节约资源的产品，如一次性筷子、实木地板等。

（2）具体规定。

①生产应税消费品。

生产应税消费品销售是消费税征收的主要环节，因消费税具有单一环节征税的特点，在生产销售环节征税以后，货物在流通环节无论再转销多少次，一般不再缴纳消费税。生产应税消费品除了直接对外销售应征收消费税外，纳税人将生产的应税消费品换取生产资料、消费资料、投资入股、偿还债务、分配给投资者，以及用于继续生产应税消费品以外的其他方面都应缴纳消费税。

请注意 由委托方提供原材料和主要材料，受托方只收取加工费和代垫部分辅助材料加工的应税消费品，属于委托加工应税消费品。

②委托加工应税消费品。

由受托方提供原材料或其他情形的按照自制产品征税。委托加工的应税消费品收回后，再继续用于生产应税消费品销售的，其加工环节缴纳的消费税款可以扣除。

@ 知识链接

委托加工应税消费品的最新规定

自2012年9月1日起，委托方将收回的应税消费品，以不高于受托方的计税价格出售的，为直接出售，不再缴纳消费税；委托方以高于受托方的计税价格出售的，不属于直接出售，需按照规定申报缴纳消费税，在计税时准予扣除受托方已代收代缴的消费税。

③进口应税消费品。

单位和个人进口货物属于消费税征税范围的，在进口环节也要缴纳消费税。

④零售应税消费品。

目前金银首饰在零售环节征税。在零售环节征收消费税的金银首饰仅限于金基、银基合金首饰以及金、银和金基、银基合金的镶嵌首饰。超豪华小汽车在零售环节加征消费税。

⑤批发环节应税消费品。

经国务院批准，卷烟批发环节加征了一道从价税。在中华人民共和国境内从事卷烟批发业务的单位和个人，批发销售的所有牌号规格的卷烟，都要按批发卷烟的销售额（不含增值税）乘以11%的税率加卷烟的销售量0.005元/支的办法缴纳批发环节的消费税。

请注意 卷烟生产企业或批发企业将卷烟批发给其他取得批发许可的企业的，不征收消费税；批发给未取得批发许可的企业的，征收消费税。

5.消费税纳税义务人

5.1 纳税义务人

（1）基本规定。

在中华人民共和国境内生产、委托加工和进口《消费税暂行条例》规定的消费品的单位和个人，以及国务院确定的销售《消费税暂行条例》规定的消费品的其他单位和个人，为消费税的纳税人。金银首饰消费税的纳税人，是中华人民共和国境内从事商业零售金银首饰的单位和个人。卷烟批发环节消费税的纳税人，是在中华人民共和国境内从事卷烟批发业务的单位和个人。将超豪华小汽车销售给消费者的单位和个人为超豪华小汽车零售环节纳税人。

（2）具体规定。

①生产销售（包括自用）应税消费品的，以生产销售单位和个人为纳税人，由生产者直接纳税。

②进口应税消费品的，以进口的单位和个人为纳税人，由海关代征。

③委托加工应税消费品的，以委托加工的单位和个人（个体工商户除外）为纳税人，由受托方代收代缴。

④销售金银首饰的，以从事商业零售金银首饰的单位和个人为纳税人，由销售者直接纳税。

⑤从事卷烟批发的，以从事卷烟批发的单位和个人为纳税人，由卷烟批发者直接纳税。

⑥对超豪华小汽车，在生产（进口）环节按现行税率征收消费税的基础上，在零售环节加征消费税。

5.2 对消费税纳税人概念的理解

（1）"在中华人民共和国境内"，是指生产、委托加工和进口属于应税消费品的起运地或所在地在境内。

（2）委托加工的应税消费品的受托方为个体工商户，则应由委托方回委托方所在地申报纳税。

（3）对单位、个人范围的界定。单位是指国有企业、集体企业、私有企业、股份制企业、合营企业、合作企业、外商投资企业和外国企业、其他企业以及行政单位、事业单位、军事单位、社会团体和其他单位；个人是指个体工商户及其他个人。

6.消费税的税目和税率

6.1 消费税的税目

我国现行消费税共设有15个税目，具体内容如下：

（1）烟。

凡是以烟叶为原料加工生产的产品，不论使用何种辅料，均属于本税目的征收范围。本税目下设卷烟、雪茄烟、烟丝三个子目。

（2）酒。

本税目下设白酒、黄酒、啤酒、其他酒四个子目。其他酒的征收范围包括糠麸白酒、其他原料白酒、土甜酒、复制酒、果木酒、汽酒、药酒等。

对饮食业、商业、娱乐业举办的啤酒屋（啤酒坊）利用啤酒生产设备生产的啤酒，应当征收消费税。

调味料酒不征收消费税。

（3）高档化妆品。

本税目征收范围包括高档美容、修饰类化妆品、高档护肤类化妆品和成套化妆品。

高档美容、修饰类化妆品和高档护肤类化妆品是指生产（进口）环节销售（完税）价格（不含增值税）在10元/毫升（克）或15元/片（张）及以上的美容、修饰类化妆品和护肤类化妆品。

请注意 舞台、戏剧、影视演员化妆用的上妆油、卸装油、油彩不属于本税目的征收范围。

美容、修饰类化妆品是指香水、香水精、香粉、口红、指甲油、胭脂、眉笔、唇笔、蓝眼油、眼睫毛以及成套化妆品。

（4）贵重首饰及珠宝玉石。

本税目的征收范围包括各种金银珠宝首饰和经采掘、打磨、加工的各种珠宝玉石。

凡以金、银、白金、宝石、珍珠、钻石、翡翠、珊瑚、玛瑙等高贵稀有物质以及其他金属、人造宝石等制作的各种纯金银首饰及镶嵌首饰（含人造金银、合成金银首饰等）和经采掘、打磨、加工的各种珠宝玉石。

（5）鞭炮、焰火。

本税目征收范围包括各种鞭炮、焰火。

体育上用的发令纸、鞭炮药引线，不按本税目征收。

（6）成品油。

本税目包括汽油、柴油、石脑油、溶剂油、航空煤油、润滑油、燃料油7个子目。

①汽油，是指用原油或其他原料加工生产的辛烷值不小于66的可用作汽油发动机燃料的各种轻质油。以汽油、汽油组分调和生产的甲醇汽油、乙醇汽油也属于本税目征收范围。

②柴油，是指用原油或其他原料加工生产的倾点或凝点在-50℃~30℃的可用作柴油发动机燃料的各种轻质油与以柴油组分为主，经调和精制可用作柴油发动机燃料的非标油。以柴油、柴油组分调和生产的生物柴油也属于本税目征收范围。

③石脑油，又叫轻汽油、化工轻油。是以石油加工生产的或二次加工汽油经加氢精制而得的用于化工原料的轻质油。石脑油的征收范围包括除汽油、柴油、煤油、溶剂油以外的各种轻质油。

④溶剂油，是以石油加工生产的用于涂料和油漆生产、食用油加工、印刷油墨、皮革、农药、橡胶、化妆品生产的轻质油。

⑤航空煤油，也叫喷气燃料，是以石油加工生产的用于喷气发动机和喷气推进系统中作为能源的石油燃料。

⑥润滑油，是用于内燃机、机械加工过程的润滑产品。润滑油分为矿物性润滑油、植物性润滑油、动物性润滑油和化工原料合成润滑油。润滑油的征收范围包括以石油为原料加工的矿物性润滑油、矿物性润滑油基础油、植物性润滑油、动物性润滑油和化工原料合

成润滑油。

⑦燃料油，也称重油、渣油。燃料油征收范围包括用于电厂发电、船舶锅炉燃料、加热炉燃料、冶金和其他工业炉燃料的各类燃料油。

（7）摩托车。

本税目征收范围包括气缸容量为250毫升的摩托车和气缸容量在250毫升（不含）以上的摩托车两种。

对最大设计车速不超过50公里/小时、发动机气缸总工作容量不超过50毫升的三轮摩托车不征收消费税。

（8）小汽车。

汽车是指由动力驱动，具有四个或四个以上车轮的非轨道承载的车辆。

本税目征收范围包括含驾驶员座位在内最多不超过9个座位（含）的，在设计和技术特性上用于载运乘客和货物的各类乘用车和含驾驶员座位在内的座位数在10座至23座（含23座）的，在设计和技术特性上用于载运乘客和货物的各类中轻型商用客车。

用排气量小于1.5升（含）的乘用车底盘（车架）改装、改制的车辆属于乘用车征收范围。用排气量大于1.5升的乘用车底盘（车架）或用中轻型商用客车底盘（车架）改装、改制的车辆属于中轻型商用客车征收范围。

每辆零售价格130万元（不含增值税）及以上的乘用车和中轻型商用客车，为超豪华小汽车。

电动汽车、沙滩车、卡丁车、高尔夫车不属于本税目征收范围。

（9）高尔夫球及球具。

高尔夫球及球具是指从事高尔夫球运动所需的各种专用装备，包括高尔夫球、高尔夫球杆及高尔夫球包（袋）等。

高尔夫球是指重量不超过45.93克、直径不超过42.67毫米的高尔夫球运动比赛、练习用球；高尔夫球杆是指被设计用来打高尔夫球的工具，由杆头、杆身和握把三部分组成；高尔夫球包（袋）是指专用于盛装高尔夫球及球杆的包（袋）。

本税目征收范围包括高尔夫球、高尔夫球杆、高尔夫球包（袋）。高尔夫球杆的杆头、杆身和握把属于本税目的征收范围。

（10）高档手表。

高档手表是指销售价格（不含增值税）每只在10 000元（含）以上的各类手表。

（11）游艇。

游艇是指长度大于8米小于90米，船体由玻璃钢、钢、铝合金、塑料等多种材料制作，可以在水上移动的水上浮载体。按照动力划分，游艇分为无动力艇、帆艇和机动艇。

本税目征收范围包括艇身长度大于8米（含）小于90米（含），内置发动机，可以在水上移动，主要用于水上运动和休闲娱乐等非牟利活动的各类机动艇。

（12）木制一次性筷子。

木制一次性筷子，又称卫生筷子，是指以木材为原料经过锯段、浸泡、旋切、刨切、烘干、筛选、打磨、倒角、包装等环节加工而成的各类一次性使用的筷子。

本税目征收范围包括各种规格的木制一次性筷子。未经打磨、倒角的木制一次性筷子属于本税目征税范围。

（13）实木地板。

实木地板是指以木材为原料，经锯割、干燥、刨光、截断、开榫、涂漆等工序加工而成的块状或条状的地面装饰材料。

本税目征收范围包括各类规格的实木地板、实木指接地板、实木复合地板及用于装饰墙壁、天棚的侧端面为榫、槽的实木装饰板。未经涂饰的素板属于本税目征税范围。

（14）电池。

电池，是一种将化学能、光能等直接转换为电能的装置，一般由电极、电解质、容器、极端，通常还有隔离层组成的基本功能单元，以及用一个或多个基本功能单元装配成的电池组。范围包括：原电池、蓄电池、燃料电池、太阳能电池和其他电池。

无汞原电池、金属氢化物镍蓄电池（又称"氢镍蓄电池"或"镍氢蓄电池"）、锂原电池、锂离子蓄电池、太阳能电池、燃料电池和全钒液流电池免征消费税。

（15）涂料。

涂料是指涂于物体表面能形成具有保护、装饰或特殊性能的固态涂膜的一类液体或固体材料之总称。

对施工状态下挥发性有机物（Volatile Organic Compounds，VOC）含量低于420克/升（含）的涂料免征消费税。

6.2　消费税的税率

消费税采用比例税率和定额税率两种形式，以适应不同应税消费品的实际情况。

消费税根据不同的税目或子目确定相应的税率或单位税额，见表3-1。

按《消费税暂行条例》的规定，纳税人兼营不同税率的应税消费品，应当分别核算不同税率应税消费品的销售额、销售数量；未分别核算销售额、销售数量，或者将不同税率的应税消费品组成成套消费品销售的，从高适用税率。兼营是指纳税人经营的是适用多种不同税率的产品。例如：某酒厂既生产税率为20%的粮食白酒，又生产税率为10%的其他酒，如药酒、果木酒等。如果该厂不能分别核算销售额和销售数量，则按20%的最高税率征税。如果该厂将白酒、药酒、小礼品等组成成套消费品销售时，则成套消费品应按20%的税率计算应纳消费税。

7.消费税的减免税

我国消费税减免可分为政策性减免和临时性减免。对纳税人出口应税消费品，免征消费税，国务院另有规定的除外。对成品油生产企业在生产成品油过程中，作为燃料、动力及原料消耗掉的自产成品油，免征消费税。对利用废弃的动物油和植物油为原料生产的纯生物柴油免征消费税。石脑油生产企业自产石脑油、燃料油用于生产乙烯、芳烃类化工产品的，按实际耗用数量暂免征收消费税。对低污染排放小汽车减征30%的消费税。

表 3-1   消费税税目、税率表

税　目	税　率
一、烟	
1.卷烟	
（1）甲类卷烟（每标准条调拨价≥70元）	56%加0.003元/支（生产环节）
（2）乙类卷烟（每标准条调拨价<70元）	36%加0.003元/支（生产环节）
（3）批发环节	11%加0.005元/支
2.雪茄烟	36%
3.烟丝	30%
二、酒	
1.白酒（包括粮食白酒和薯类白酒）	20%加0.5元/500克（或500毫升）
2.黄酒	240元/吨（1吨=962升）
3.啤酒	
（1）甲类啤酒（出厂不含税价超过3 000元/吨）	250元/吨
（2）乙类啤酒（出厂不含税价不超过3 000元/吨）	220元/吨
4.其他酒	10%
三、高档化妆品	15%
四、贵重首饰及珠宝玉石	
1.金银首饰、铂金首饰和钻石及钻石饰品	5%
2.其他贵重首饰和珠宝玉石	10%
五、鞭炮、焰火	15%
六、成品油	
1.汽油	1.52元/升
2.柴油	1.20元/升
3.航空煤油	1.20元/升
4.石脑油	1.52元/升
5.溶剂油	1.52元/升
6.润滑油	1.52元/升
7.燃料油	1.20元/升
七、摩托车	
1.气缸容量（排气量，下同）在250毫升的	3%
2.气缸容量在250毫升以上的（不含）	10%
八、小汽车	
1.乘用车	
（1）气缸容量（排气量，下同）在1.0升（含1.0升）以下的	1%
（2）气缸容量在1.0升以上至1.5升（含1.5升）的	3%
（3）气缸容量在1.5升以上至2.0升（含2.0升）的	5%
（4）气缸容量在2.0升以上至2.5升（含2.5升）的	9%
（5）气缸容量在2.5升以上至3.0升（含3.0升）的	12%
（6）气缸容量在3.0升以上至4.0升（含4.0升）的	25%
（7）气缸容量在4.0升以上的	40%
2.中轻型商用客车	5%
3.超豪华小汽车	10%（零售环节加征）
九、高尔夫球及球具	10%
十、高档手表	20%
十一、游艇	10%
十二、木制一次性筷子	5%
十三、实木地板	5%
十四、电池	4%
十五、涂料	4%

任务二　　　　　　　　　　**计算消费税的应纳税额**

情境导入

　　　　小张同学通过对消费税基本知识的学习，熟悉并掌握了消费税的概念、特点、征税范围、纳税人、税目、税率等内容，他进一步明确了所代理的高档化妆品生产企业既是增值税一般纳税人，又是消费税纳税人，现在他需要进一步学习消费税应纳税额的计算。

1.消费税的计税依据

按照现行消费税暂行条例规定，消费税的计税依据有销售额和销售数量两种，其应纳税额的计算方法有从价定率计征、从量定额计征和从价定率从量定额相结合的复合计征三种方法。

1.1　销售额

从价定率计征消费税的计税依据为销售额。

销售额是指纳税人销售应税消费品向购买方收取的全部价款和价外费用，不包括应向购货方收取的增值税税款。价外费用是指价外向购买方收取的手续费、补贴、基金、集资费、返还利润、奖励费、违约金、滞纳金、延期付款利息、赔偿金、代收款项、代垫款项、包装费、包装物租金、储备费、优质费、运输装卸费以及其他各种性质的价外收费。但下列项目不包括在内：

> **想一想**　一般情况下，计算消费税的销售额与计算增值税销项税的销售额是否一致？

（1）同时符合以下条件的代垫运输费用：

①承运部门的运输费用发票开具给购买方的。

②纳税人将该项发票转交给购买方的。

（2）同时符合以下条件代为收取的政府性基金或者行政事业性收费：

①由国务院或者财政部批准设立的政府性基金，由国务院或者省级人民政府及其财政、价格主管部门批准设立的行政事业性收费。

②收取时开具省级以上财政部门印制的财政票据。

③所收款项全额上缴财政。

其他价外费用，无论是否属于纳税人的收入，均应并入销售额计算征税。

1.2　销售数量

从量定额计征消费税的计税依据为销售数量。

销售数量，是指纳税人生产、加工和进口应税消费品的数量。具体规定为：

（1）销售应税消费品的，为应税消费品的销售数量。

（2）自产自用应税消费品的，为应税消费品的移送使用数量。

（3）委托加工应税消费品的，为纳税人收回的应税消费品数量。

（4）进口应税消费品的，为海关核定的应税消费品进口征税数量。

实行从量定额办法计算应纳税额的应税消费品，计量单位的换算标准，见表3-2。

表3-2　　　　　　　　　　　**应税消费品计量单位的换算标准**

黄酒	1吨=962升	石脑油	1吨=1 385升
啤酒	1吨=988升	溶剂油	1吨=1 282升
汽油	1吨=1 388升	润滑油	1吨=1 126升
柴油	1吨=1 176升	燃料油	1吨=1 015升
航空煤油	1吨=1 246升		

1.3　销售额和销售数量同时作为计税依据

现行消费税的征税范围中，只有卷烟和白酒采用从价定率从量定额相结合的复合计征方法。复合计征办法应分别确定销售额和销售数量，销售额和销售数量的确定同上述销售额和销售数量的确定方法一致。

1.4　计税依据的特殊规定

在日常经营活动中，由于市场竞争，企业往往可能遇到或发生一些特殊的应税销售行为，但有些企业因规模较小等原因所限，会计核算不健全和核算水平低所制，在较为特殊和复杂的业务中，往往容易疏忽、误解或发生误算，从而导致计算不正确，影响账务处理结果。

（1）纳税人应税消费品的计税价格明显偏低并无正当理由的，由主管税务机关核定其计税价格。

①卷烟、白酒和小汽车的计税价格由国家税务总局核定，送财政部备案。

②其他应税消费品的计税价格由省、自治区和直辖市国家税务局核定。

③进口的应税消费品的计税价格由海关核定。

（2）纳税人通过自设非独立核算门市部销售的自产应税消费品，应当按照门市部对外销售额或者销售数量征收消费税。

（3）纳税人自产的应税消费品用于换取生产资料和消费资料，投资入股和抵偿债务等方面，应按纳税人同类应税消费品的最高销售价格作为计税依据计算消费税。

（4）实行从价计征办法征收消费税的应税消费品，无论包装物是否单独计价，也不论会计上如何核算，均应当计入应税消费品的销售额计征消费税。

如果包装物不作价随同产品销售，而是收取押金，此项押金则不应并入应税消费品的销售额中征税。但对因逾期未收回的包装物不再退还的或者已收取的时间超过12个月的押金，应并入应税消费品的销售额，按照应税消费品的适用税率缴纳消费税。

对既作价随同应税消费品销售，又另外收取押金的包装物的押金，凡纳税人在规定的期限内没有退还的，均应并入应税消费品的销售额，按照应税消费品的适用税率缴纳消费税。

对酒类生产企业销售的酒类产品而收取的包装物押金，无论押金是否返还以及会计上如何核算，均应并入酒类产品销售额征收消费税。

（5）纳税人销售的应税消费品，以人民币计算销售额。纳税人以人民币以外的货币结算销售额的，应当折合成人民币计算。其销售额的人民币折合率可以选择销售额发生的当天或者当月1日的人民币汇率中间价。

2.消费税应纳税额的计算

2.1 从价定率的计算

在采用从价定率的计算方法下，应纳消费税额等于销售额乘以比例税率。其计算公式为：

应纳消费税额=应税消费品的销售额×比例税率

如果纳税人应税消费品的销售额中未扣除增值税税款或者因不得开具增值税专用发票而发生价款和增值税税款合并收取的，在计算消费税时，应当换算为不含增值税税款的销售额。其换算公式为：

应税消费品的销售额=含增值税的销售额÷（1+增值税税率或者征收率）

【例3-1】 某化妆品生产企业2017年3月销售高档化妆品500套，每套售价2 340元，开具普通发票一张。

要求：计算该企业3月份应纳消费税额。

【解析】

应纳消费税额=500×2 340÷（1+17%）×15%=150 000（元）

2.2 从量定额的计算

在采用从量定额的计算方法下，应纳消费税额等于销售数量乘以定额税率。其计算公式为：

应纳税额=应税消费品的销售数量×定额税率

现行消费税法仅对啤酒、黄酒、成品油采用从量定额计征方法征纳消费税。

【例3-2】 某啤酒厂2017年5月销售纯生啤酒30吨，每吨不含税单价2 800元；销售果汁啤酒8吨，每吨不含税单价3 500元。

要求：计算该啤酒厂应纳消费税额。

【解析】

应纳消费税额=30×220+8×250=8 600（元）

2.3 从价定率和从量定额相结合的计算

在采用从价定率和从量定额相结合的计算方法下，其计算公式为：

$$\text{应纳消费税额} = \text{应税消费品的销售额} \times \text{消费税税率} + \text{应税消费品的销售数量} \times \text{定额税率}$$

现行消费税法仅对卷烟和白酒采用从价定率和从量定额相结合的计征方法征纳消费税。

【例3-3】 某卷烟厂为增值税一般纳税人，2017年1月销售30万条卷烟给烟草批发公司，开具增值税专用发票，注明不含税销售额4 500万元。

要求：计算该卷烟厂2017年1月份的应纳消费税额。

【解析】

应纳消费税额=4 500×56%+30×2 00×0.003=2 538（万元）

2.4 自产自用应税消费品应纳税额的计算

所谓自产自用应税消费品是指纳税人生产应税消费品，不是直接用于对外销售而是用于连续生产应税消费品、非应税消费品，或者用于其他方面的应税消费品。

日常生活中还有哪些经济活动属于连续生产应税消费品不需缴纳消费税呢？

纳税人自产自用的应税消费品，用于连续生产应税消费品的不缴纳消费税。这里的连续生产应税消费品是指纳税人将自产自用的应税消费品作为直接材料生产最终应税消费品，自产自用应税消费品构成最终应税消费品的实体。例如，卷烟厂生产的烟丝，烟丝已是应税消费品，卷烟厂再用生产的烟丝连续生产卷烟，这样，用于连续生产卷烟的烟丝不缴纳消费税。

纳税人自产自用的应税消费品，除用于连续生产应税消费品的不缴纳消费税外，用于其他方面的，于移送使用时纳税。用于其他方面是指纳税人用于生产非应税消费品、在建工程、管理部门、非生产机构、提供劳务、馈赠、赞助、集资、广告、样品、职工福利和奖励等方面。例如某白酒厂在展销会上将生产的白酒赠送给消费者。

纳税人自产自用的应税消费品，用于其他方面的，采用从价定率计税方法计算应纳消费税税额的，应当以纳税人生产的同类消费品的销售价格为计税依据，按照适用税率计算应纳税额；没有同类产品销售价格的，应当以组成计税价格为计税依据，按照适用税率计算应纳税额。其计算公式为：

组成计税价格=（成本+利润）÷（1-消费税税率）

应纳消费税额=组成计税价格×消费税税率

这里的成本是指应税消费品的产品生产成本。利润是指根据应税消费品的全国平均成本利润率计算的利润。应税消费品全国平均成本利润率由国家税务总局确定，见表3-3。

表3-3   **应税消费品全国平均利润率表**

货物名称	利润率	货物名称	利润率
1.甲类卷烟	10%	11.摩托车	6%
2.乙类卷烟	5%	12.高尔夫球及球具	10%
3.雪茄烟	5%	13.高档手表	20%
4.烟丝	5%	14.游艇	10%
5.粮食白酒	10%	15.木制一次性筷子	5%
6.薯类白酒	5%	16.实木地板	5%
7.其他酒	5%	17.乘用车	8%
8.高档化妆品	5%	18.中轻型商务客车	5%
9.鞭炮、烟火	5%	19.电池	4%
10.贵重首饰及珠宝玉石	6%	20.涂料	7%

【例3-4】 某公司是一家生产销售蓄电池为主的工业企业，系增值税一般纳税人。2017年5月4日，公司把自己新研制的某型号铅蓄电池1 000件，用于对外做广告使用。已知该型号铅蓄电池的生产成本为144元/件，没有同类对外销售价格。

要求：计算该电池应纳消费税额。

【解析】

组成计税价格=1 000×144×（1+4%）÷（1-4%）=156 000（元）

应纳税额=156 000×4%=6 240（元）

纳税人自产自用的应税消费品，用于其他方面的，采用从价定率和从量定额复合计税的方法，其组成计税价格计算公式为：

组成计税价格＝（成本＋利润＋自产自用数量×定额税率）÷（1－比例税率）

应纳消费税额＝组成计税价格×比例税率＋自产自用数量×定额税率

【例3-5】 某粮食白酒生产企业为增值税一般纳税人。2017年2月份将新生产的粮食白酒1 000千克用于招待客人，账面单位成本每千克10元，该粮食白酒无同类售价。

要求：计算该粮食白酒的应纳消费税额。

【解析】

组成计税价格＝（1 000×10＋1 000×10×10%＋1 000×2×0.5）÷（1－20%）＝15 000（元）

应纳消费税额＝15 000×20%＋1 000×2×0.5＝4 000（元）

2.5 委托加工应税消费品应纳税额的计算

委托加工应税消费品的由受托方交货时代扣代缴消费税，按照受托方的同类消费品销售价格计算纳税，没有同类消费品销售价格的，按组成计税价格计算纳税。

采用从价定率方法计算应纳税额的组成计税价格的计算公式为：

组成计税价格＝（材料成本＋加工费）÷（1－消费税税率）

应纳消费税额＝组成计税价格×适用税率

采用从价定率和从量定额的复合方法计算应纳税额的组成计税价格的计算公式为：

组成计税价格＝（材料成本＋加工费＋委托加工数量×定额税率）÷（1－比例税率）

应纳消费税额＝组成计税价格×比例税率＋委托加工数量×定额税率

上述公式中的"材料成本"是指委托方所提供加工材料的实际成本。委托加工应税消费品的纳税人，必须在委托加工合同上如实注明（或者以其他方式提供）材料成本，凡未提供材料成本的，受托方主管税务机关有权核定其材料成本。

【例3-6】 某运输公司2017年2月委托某汽车制造厂加工汽缸容量为1.6升的乘用车50辆，该受托单位没有同类产品销售价格，该乘用车单位成本27 000元，支付加工费120 600元（包括代垫辅料费36 000元）。

> **请注意** "加工费"是指受托方加工应税消费品向委托方所收取的全部费用（包括代垫辅助材料的实际成本），不包括增值税税金。

要求：计算该批汽车的应纳消费税额。

【解析】

组成计税价格＝（27 000×50＋120 600）÷（1－5%）

　　　　　　＝1 548 000（元）

该批汽车的应纳消费税额＝1 548 000×5%＝77 400（元）

2.6 进口应税消费品应纳税额的计算

进口应税消费品，按照组成计税价格计算纳税。

采用从价定率方法计算应纳税额的组成计税价格的计算公式为：

组成计税价格＝（关税完税价格＋关税）÷（1－消费税税率）

应纳消费税额＝组成计税价格×适用税率

采用从价定率和从量定额的复合方法计算应纳税额的组成计税价格的计算公式为：

组成计税价格＝（关税完税价格＋关税＋进口数量×定额税率）÷（1－比例税率）

应纳消费税额＝组成计税价格×比例税率＋进口数量×定额税率

上述公式中的"关税完税价格"是指海关核定的关税计税价格（具体内容将在项目四中讲述）。

【例3-7】 某企业2017年2月进口一批高尔夫球及球具，经海关核定，关税的完税价格为54 000元，进口关税税率为20%，消费税税率为10%。

要求：计算该批高尔夫球及球具应纳消费税额。

【解析】

组成计税价格=（54 000+54 000×20%）÷（1−10%）=72 000（元）

应纳消费税额=72 000×10%=7 200（元）

2.7 零售金银首饰应纳税额的计算

零售金银首饰的纳税人在计税时，应将含税的销售额换算为不含增值税税额的销售额。其计算公式为：

金银首饰销售额=含增值税的销售额÷（1+增值税率或征收率）

金银首饰应纳消费税额=销售额×消费税税率

【例3-8】 某商业企业为增值税一般纳税人，2016年12月向消费者个人销售金银首饰取得收入66 456元。

要求：计算该商业企业应纳消费税额。

【解析】

该商业企业销售额=66 456÷（1+17%）=56 800（元）

该商业企业应纳消费税额=56 800×5%=2 840（元）

2.8 外购、委托加工应税消费品已纳消费税税额的扣除

消费税采用一次课征制。纳税人用外购或委托加工收回的已税消费品生产同类应税消费品的，可以按生产领用数量扣除已税消费品的税款。扣除范围包括：

（1）以外购或委托加工收回的已税烟丝为原料生产的卷烟。

（2）以外购或委托加工收回的已税高档化妆品为原料生产的高档化妆品。

（3）以外购或委托加工收回的已税珠宝玉石为原料生产的贵重首饰及珠宝玉石。

（4）以外购或委托加工收回的已税鞭炮、焰火为原料生产的鞭炮、焰火。

（5）以外购或委托加工收回的已税杆头、杆身和握把为原料生产的高尔夫球杆。

（6）以外购或委托加工收回的已税木制一次性筷子为原料生产的木制一次性筷子。

（7）以外购或委托加工收回的已税实木地板为原料生产的实木地板。

（8）以外购或委托加工收回的已税石脑油、润滑油、燃料油为原料生产的成品油。

（9）以外购或委托加工收回的已税汽油、柴油为原料生产的汽油、柴油。

其中当期准予扣除外购应税消费品已纳消费税税款的计算公式为：

当期准予扣除的外购应税消费品已纳税款=当期准予扣除的外购应税消费品买价或数量×外购应税消费品适用税率或税额

当期准予扣除的外购应税消费品买价或数量=期初库存的外购应税消费品买价或数量+当期购进的应税消费品的买价或数量−期末库存的外购应税消费品的买价或数量

当期准予扣除的委托加工应税消费品已纳税款=期初库存的委托加工应税消费品已纳税款+当期收回的委托加工应税消费品已纳税款−期末库存的委托加工应税消费品已纳税款

【例3-9】某卷烟厂2017年4月份外购烟丝，取得的增值税专用发票上注明价款为500万元，期初尚有库存的外购烟丝100万元，期末库存烟丝200万元。

要求：计算该卷烟厂本月应纳消费税中可扣除的已纳消费税额。

【解析】

当期准予扣除的外购烟丝的买价=100+500-200=400（万元）

当期准予扣除的外购烟丝已纳消费税额=400×30%=120（万元）

任务三   申报缴纳消费税

情境导入

小张同学通过进一步对消费税应纳税额计算的学习，熟悉并掌握了从价定率计征、从量定额计征和从价定率从量定额相结合的复合计征等方法的计算。他进一步明确了所代理的高档化妆品生产企业在生产销售环节、委托加工环节和进口环节应纳消费税的计算。公司的税务师告诉他，在计算出应纳税额后，下一步就需要进行消费税的纳税申报。现在，他需要学习消费税的征收管理规定和纳税申报流程，并掌握消费税纳税申报表的填制方法。

1.消费税的征收管理

1.1 纳税义务发生时间

纳税人生产的应税消费品，于销售时纳税；纳税人自产自用的应税消费品，用于连续生产应税消费品的，不纳税，用于其他方面的，于移送使用时纳税；纳税人进口的应税消费品，于报关进口时纳税。但金银首饰在零售环节纳税，卷烟在批发环节征收一道消费税，超豪华小汽车在零售环节加征一道消费税。消费税纳税义务发生时间，以货款结算方式或行为发生时间分别确定。

（1）纳税人销售应税消费品的，其纳税义务发生时间。按不同的销售结算方式分别为：

> **想一想**
> 消费税与增值税的纳税义务发生时间有何异同？

①纳税人采取赊销和分期收款结算方式的，其纳税义务发生时间为销售合同规定的收款日期的当天。

②纳税人采取预收货款结算方式的，其纳税义务发生时间为发出应税消费品的当天。

③纳税人采取托收承付和委托银行收款结算方式的，其纳税义务发生时间为发出应税消费品并办妥托收手续的当天。

④纳税人采取其他结算方式的，其纳税义务发生时间为收讫销售款或者取得索取销售款凭据的当天。

（2）纳税人自产自用应税消费品的，其纳税义务发生时间为移送使用的当天。

（3）纳税人委托加工应税消费品的，其纳税义务发生时间为纳税人提货的当天。

（4）纳税人进口应税消费品的，其纳税义务发生时间为报关进口的当天。

1.2　纳税期限

消费税的纳税期限分别为1日、3日、5日、10日、15日、1个月或者1个季度。纳税人的具体纳税期限，由主管税务机关根据纳税人应纳税额的大小分别核定；不能按照固定期限纳税的，可以按次纳税。

> 想一想　❓　消费税与增值税的纳税期限有无不同？

纳税人以1个月或者1个季度为1个纳税期的，自期满之日起15日内申报纳税；以1日、3日、5日、10日或者15日为1个纳税期的，自期满之日起5日内预缴税款，于次月1日起15日内申报纳税并结清上月应纳税款。

纳税人进口应税消费品，应当自海关填发海关进口消费税专用缴款书之日起15日内缴纳税款。

1.3　纳税地点

（1）一般规定。

①纳税人销售的应税消费品，以及自产自用的应税消费品，除国家另有规定的外，应当向纳税人机构所在地或者居住地的主管税务机关申报纳税。

②委托加工的应税消费品，由受托方向所在地主管税务机关解缴消费税税款。

③进口的应税消费品，由进口人或者代理人向报关地海关申报纳税。

（2）特殊规定。

①纳税人到外县（市）销售或者委托外县（市）代销自产应税消费品的，于应税消费品销售后，向机构所在地或者居住地主管税务机关申报纳税。

②纳税人的总机构与分支机构不在同一县（市）的，应当分别向各自机构所在地的主管税务机关申报纳税；经财政部、国家税务总局或者其授权的财政、税务机关批准，可以由总机构汇总向总机构所在地的主管税务机关申报纳税。

③委托个人加工的应税消费品，由委托方向其机构所在地或者居住地主管税务机关申报纳税。

④固定业户到外县（市）临时销售金银首饰，应当向其机构所在地主管国家税务局申请开具外出经营活动税收管理证明，回其机构所在地向主管国家税务局申报纳税。未持有其机构所在地主管国家税务局核发的外出经营活动税收管理证明的，销售地主管国家税务局一律按规定征收消费税。其在销售地发生的销售额，回机构所在地后仍应按规定申报纳税，在销售地缴纳的消费税款不得从应纳税额中扣减。

⑤纳税人销售的应税消费品，如因质量等原因由购买者退回时，经机构所在地或者居住地主管税务机关审核批准后，可退还已缴纳的消费税税款。

2.消费税的申报缴纳

为了在全国范围内统一、规范消费税纳税申报资料，加强消费税管理的基础工作，国家税务总局制定了《烟类应税消费品消费税纳税申报表》《酒类消费税纳税申报表》《成品油消费税纳税申报表》《小汽车消费税纳税申报表》《电池消费税纳税申报表》《涂料消费税纳税申报表》《其他应税消费品消费税纳税申报表》。

《其他应税消费品消费税纳税申报表》（其他纳税申报表略）见表3-4。

表3-4   **其他应税消费品消费税纳税申报表**

税款所属期：　　年　月　日至　　年　月　日

纳税人名称（公章）：

纳税人识别号：

填表日期：　年　月　日   金额单位：元（列至角分）

应税消费品名称 ＼ 项目	适用税率	销售数量	销售额	应纳税额
合计	—	—	—	

本期准予抵减税额：	声明
	此纳税申报表是根据国家税收法律的规定填报的，我确定它是真实的、可靠的、完整的
本期减（免）税额：	
期初未缴税额：	经办人（签章）：
	财务负责人（签章）：
	联系电话：
本期缴纳前期应纳税额：	（如果你已委托代理人申报，请填写）
	授权声明
本期预缴税额：	为代理一切税务事宜，现授权 　　　（地址）_____为本纳税人的代理申报人，任
本期应补（退）税额：	何与本申报表有关的往来文件，都可寄予此人
期末未缴税额：	授权人签章：

以下由税务机关填写

受理人（签章）：   受理日期：　年　月　日   受理税务机关（章）：

✎ **思考题**

1. 什么是消费税？消费税有何特征？

2. 现行消费税的纳税人和征收范围是如何规定的？

3. 现行消费税税率的具体形式有哪些？

4. 现行消费税的计税依据是什么？其应纳税额是如何计算的？

5. 现行消费税的纳税环节期限、纳税义务发生时间、纳税地点是如何规定的？

✎ **实训题**

1. 某公司将自制产品作为职工福利发放，该产品成本700 000元，核定的利润为

35 000元.适用15%的消费税税率。

要求：计算该产品应缴纳的消费税税额。

2.某卷烟厂委托乙公司加工一批烟丝，提供的材料成本为72万元，支付乙公司加工费5万元，当月收回该批委托加工的烟丝，乙公司没有同类消费品的销售价格。烟丝适用的消费税税率为30%。

要求：计算乙公司受托加工的烟丝在交货时应代收代缴的消费税税额。

项目四
关税

本项目的学习任务主要有关税的基本知识、计算及申报缴纳。通过对本项目的学习，要求：

◆ 了解关税的概念、特征；

◆ 掌握关税的纳税人、征税对象、税率、计税依据和应纳税额的计算方法；

◆ 熟悉关税的减免税规定、征收管理等内容。

关税是指国家授权海关对进出国境或关境的货物和物品征收的一种税。关税在各国一般属于国家最高行政单位指定税率的高级税种，关税和非关税措施是衡量一个国家市场开放度的主要标志。

关税是世界各国普遍征收的一个税种。关税按征税对象可分为进口关税、出口关税和过境关税。目前，许多国家已不使用过境关税和出口关税，通常所称的关税主要指进口关税。

世界各国都以征收进口关税作为限制外国货物进口的一种手段，适当地使用进口关税可以保护本国工农业生产，也可以作为一种经济杠杆调节本国的生产和经济的发展。

关税属于流转税制中的一个税种，由政府设置的海关征收。

关税的税率、关税完税价格的确定、关税应纳税额的计算是本项目的重点和难点。关税完税价格的确定，特别是进口关税完税价格的调整是我们学习关税的关键内容。

任务一　　　　　　　　认识关税

情境导入

　　小张同学在税务代理公司参与代理本市电器生产企业、化妆品生产企业的增值税、消费税等申报工作中发现，企业中有不少业务涉及关税的问题，于是他在学习了增值税、消费税的基础上，又对关税的基本知识进行了学习，了解并掌握了关税的概念、特征、纳税人、征税对象、税率等内容。

1.关税的概念和特征

1.1　关税的概念

关税是由海关根据国家制定的有关法律，对进出国境或关境货物和物品征收的一种税。

海关是国家进出关境的监督管理机关。

国境是一个国家以边界为界限，全面行使主权的境域，包括领土、领海和领空。而关境是一个国家关税法令完全实施的境域，又称"海关境域"或"关税领域"。一般而言，国境和关境是一致的，商品进出国境也就是进出关境。但是两者也有不一致的情况，如有些国家在国境内设有自由贸易港、自由贸易区或出口加工区，此时关境就小于国境；当几个国家组成关税同盟时，成员国之间相互取消关税，对外实行共同的关税税则，对成员国而言，关境大于国境。

> **请注意**　国境和关境是两个不同的概念。

1.2　关税的特征

关税作为独特的税种，除了具有一般税收的特征外，还具有以下特征：

（1）纳税上的统一性和一次性。

按照我国统一的进出口关税条例和税则征收关税，在征收一次性关税后，货物就可在整个关境内流通，不再另行征收关税。这与其他税种如增值税、消费税等流转税是不同的。关税的完税价格中不包括关税，即在征收关税时，是以实际成交价格为计税依据的，关税不包括在内。但海关在征收增值税、消费税时，其计税依据包括关税在内。

（2）征收上的过"关"性。

是否征收关税，是以货物是否通过关境为标准的。凡是进出关境的货物才征收关税；在境内和境外流通的货物，不进关境的不纳税。

（3）税率上的复式性。

同一进口货物设置优惠税率和普通税率的复式税则制。优惠税率是一般的、正常的税率，适用于同我国订有贸易互利条约或协定的国家；普通税率适用于同我国没有签订贸易互利条约或协定的国家。

（4）对进出口贸易的调节性。

许多国家通过制定和调整关税税率来调节进出口贸易。在出口方面，通过低税、免税和退税来鼓励商品出口；在进口方面，通过税率的高低、减免来调节商品的进口。

2.关税的征税对象

关税的征税对象是准许进出境的货物和物品。货物是指贸易性商品；物品是指入境旅客随身携带的行李物品、个人邮递物品、各种运输工具上的服务人员入境时携带进口的自用物品和馈赠物品以及其他方式进境的个人物品。

凡准许进出口的货物，除国家另有规定的以外，均由海关征收进口关税或出口关税。对从境外采购进口的原产于中国境内的货物，也应按规定征收进口关税。

3.关税的纳税义务人

进口货物的收货人、出口货物的发货人、进出境物品的所有人，是关税的纳税义务人。进出口货物的收、发货人是依法取得对外贸易经营权，并进口或者出口货物的法人或者其他社会团体。具体包括：（1）外贸进出口公司；（2）工贸或农贸结合的进出口公司；（3）其他经批准经营进出口商品的企业。

进出境物品的所有人包括该物品的所有人和推定为所有人的人。

一般情况下，对于携带进境的物品，推定其携带人为所有人；对分离运输的行李，推定相应的进出境旅客为所有人；对以邮递方式进境的物品，推定其收件人为所有人；以邮递或其他运输方式出境的物品，推定其寄件人或托运人为所有人。

4.关税的税率及其确定

4.1　关税的税率

（1）进口关税税率。

根据《进出口关税条例》的规定，进口关税设置最惠国税率、协定税率、特惠税率、普通税率、关税配额税率等税率。对进口货物在一定期限内可以实行暂定税率。

最惠国税率适用于原产于与我国共同适用最惠国待遇条款的世界贸易组织成员国或地区的进口货物；或原产于与我国签订有相互给予最惠国待遇条款的双边贸易协定的国家或地区的进口货物；以及原产于中华人民共和国境内的进口货物。

协定税率适用于原产于与我国签订含有关税优惠条款的区域性贸易协定的国家或地区的进口货物。如我国对原产于韩国、印度、斯里兰卡、孟加拉国和老挝的1 875个税目的进口商品实行亚太贸易协定税率等。

特惠税率适用于原产于与我国签订含有特殊优惠关税优惠条款的贸易协定的国家或地区的进口货物。目前，根据我国与有关国家或地区签署的贸易或关税优惠协定、双边换文情况以及国务院有关决定，对原产于中非、阿富汗等共40个联合国认定的最不发达国家的部分税目商品实施特惠税率。

普通税率适用于原产于未与我国共同适用最惠国待遇条款的世界贸易组织成员国或地区，未与我国订有相互给予最惠国待遇、关税优惠条款贸易协定和特殊关税优惠条款贸易协定的国家或地区的进口货物，以及原产地不明的进口货物。

关税配额税率是指对实行关税配额管理的进口货物，关税配额内的，适用较低的关税配额税率，配额之外的则适用较高的税率。

@知识链接

关税配额

关税配额是进口国限制进口货物数量的措施，把征收关税和进口配额相结合以限制进口。

暂定税率是指在海关进出口税则规定的进口优惠税率和出口税率的基础上，对进口的某些重要的工农业生产原材料和机电产品关键部件（但只限于从与中国订有关税互惠协议的国家和地区进口的货物）以及出口的部分资源性产品实施的更为优惠的关税税率。

（2）出口关税税率。

适用出口税率的出口货物有暂定税率的，应当适用暂定税率。

4.2　税率的确定

我国《进出口关税条例》规定，进出口货物，应当依照税则规定的归类原则归入合适的税号，并按照适用的税率征税，其中：

（1）进出口货物，应当按照收发货人或其代理人申报进口或者出口之日实施的税率征税。

（2）进口货物到达前，经海关核准先行申报的，应当按照装载该货物的运输工具申报进境之日实施的税率征税。

（3）进出口货物的退税和补税，适用该进出口货物原申报进口或者出口之日所实施的税率。在实际运用时要区分以下不同情况：

①按照特定减免税办法批准予以减免税的进口货物，后因情况改变，经海关批准转让、出售或移作他用需要补税时，适用海关接受纳税人再次填写报关单申报办理纳税及有关手续之日起实施的税率征税。

②加工贸易进口料、件等属于保税性质的进口货物，如经批准转为内销，应按向海关申报转为内销之日实施的税率征税；如未经批准擅自转为内销的，则按海关查获日所施行的税率征税。

③对经批准缓税进口的货物以后交税时，不论是分期或一次交清税款，都应按货物原进口之日实施的税率征税。

④分期支付租金的租赁进口货物，分期付税时，都应按该项货物原进口之日实施的税率征税。

⑤溢卸、误卸货物事后确定需征税时，应按其原运输工具申报进口日期所实施的税率征税。如原进口日期无法查明的，可按确定补税当天实施的税率征税。

⑥对由于税则归类的改变、完税价格的审定或其他工作差错而需补税的，应按原征税日期实施的税率征税。

⑦暂时进口货物转为正式进口需予补税时，应按其转为正式进口之日实施的税率征税。

⑧查获的走私进口货物需补税时，应按查获日期实施的税率征税。

任务二　　　　计算关税的应纳税额

情境导入

> 小张同学通过对关税基本知识的学习，熟悉并掌握了关税的概念、特征、征税对象、纳税人、税率及其确定等内容。他进一步明确了不管是对企业还是个人，只要是准许进出境的货物和物品都要缴纳关税。现在他需要进一步学习关税的计税依据、应纳税额的计算与征收管理。

1.关税的计税依据

关税的计税依据分别为关税完税价格和进出口数量。我国现行关税大多实行从价计征，即以进出口应税货物的完税价格为计税依据。

（1）一般进口货物的完税价格。

根据《海关法》的规定，进口货物的完税价格包括货物的货价、货物运抵我国境内输入地点起卸前的运输及其相关费用、保险费。我国境内输入地为入境海关地，包括内陆河、江口岸，一般为第一口岸。货物的货价以成交价格为基础。进口货物的成交价格是指买方为购买该货物，按《完税价格办法》的有关规定调整后的实付和应付价格。

进口货物的下列费用应当计入完税价格：

①由买方负担的除购货佣金以外的佣金和经纪费。

②由买方负担的在审查确定完税价格时与该货物视为一体的容器的费用。

③由买方负担的包装材料费用和包装劳务费用。

④与该货物的生产和向中华人民共和国境内销售有关的，由买方以免费或者以低于成本的方式提供并可以按适当比例分摊的料件、工具、模具、消耗材料及类似货物的价款，以及在境外开发、设计等相关服务的费用。

⑤作为该货物向中华人民共和国境内销售的条件，买方必须支付的、与该货物有关的特许权使用费。

⑥卖方直接或者间接从买方获得的该货物进口后转售、处置或者使用的收益。

进口时在货物的价款中列明的下列税收、费用，不计入该货物的完税价格：

①厂房、机械、设备等货物进口后进行建设、安装、装配、维修和技术服务的费用。

②进口货物运抵境内输入地点起卸后的运输及其相关费用、保险费。

③进口关税及国内税收。

【例4-1】某进出口公司2017年2月进口摩托车1 000辆，经海关审定的货价为180万美元。另外，运抵我国关境内输入地点起卸前发生包装费10万美元、运输费8万美元、保险费2万美元、购货佣金6万美元。

要求：计算进口该批摩托车的关税完税价格。

【解析】

该批摩托车的关税完税价格=180+10+8+2=200（万美元）

（2）特殊进口货物的完税价格。

①加工贸易进口料件及其制成品。

加工贸易进口料件及其制成品需征税或内销补税的，海关按照一般进口货物的完税价格规定，审定其完税价格。

②保税区、出口加工区货物。

从保税区或出口加工区销往区外、从保税仓库出库内销的进口货物（加工贸易进口料件及其制成品除外），以海关审定的价格估定完税价格。对经审核销售价格不能确定的，海关应当按照一般进口货物估价办法的规定，估定完税价格。

③运往境外修理的货物。

运往境外修理的机械器具、运输工具或其他货物，出境时已向海关报明，并在海关规定期限内复运进境的，应当以海关审定的境外修理费和料件费为完税价格。

④运往境外加工的货物。

运往境外加工的货物，出境时已向海关报明，并在海关规定期限内复运进境的，应当以加工后货物进境时的到岸价格与原出境货物价格的差额作为完税价格。

⑤暂时进境货物。

对于经海关批准的暂时进境的货物，应当按照一般进口货物估价办法的规定，估定完税价格。

⑥租借和租赁方式进口货物。

租借、租赁方式进口的货物，以海关审查确定的货物租金作为完税价格。

⑦以其他方式进口的货物。

以易货贸易、寄售、捐赠、赠送等其他方式进口的货物，应当按照一般进口货物估价办法的规定，估定完税价格。

（3）出口货物的完税价格。

①以成交价格为基础的完税价格。

出口货物的完税价格，由海关以该货物向境外销售的成交价格为基础审查确定，并应包括货物运至我国境内输出地点装载前的运输及其相关费用、保险费等。

请注意：出口关税不计入完税价格。

出口货物的成交价格，是指该货物出口销售到我国境外时买方向卖方实付或应付的价格。出口货物的成交价格中含有支付给境外的佣金的，如果单独列明，应当扣除。

②以海关估价为基础的完税价格。

若出口货物的成交价格不能确定，其完税价格由海关依次使用下列方法估定：

A.同时或大约同时向同一国家或地区出口的相同货物的成交价格。

B.同时或大约同时向同一国家或地区出口的类似货物的成交价格。

C.进口货物的相同或类似货物在国际市场上公开的成交价格。

D.根据境内生产相同或类似货物的成本、利润和一般费用、境内发生的运输及其相关费用、保险费计算所得的价格。

E.按照合理方法估定的价格。

2.关税的计算

2.1 进口货物应纳税额的计算

（1）从价税应纳税额的计算。

从价税是最普遍的关税计征方法，它以进口货物的完税价格作为计税依据。其计算公式为：

关税税额=应税进口货物数量×单位完税价格×税率

【例4-2】某进出口公司2017年2月从意大利进口一批货物，该批货物的意大利离岸价格为800万元，运抵我国关境内输入地点起卸前的包装费、运输费、保险费和其他劳务费用共计60万元，支付货物运抵境内输入地点之后的运输费用8万元。海关核定该批货物适用的进口关税税率为10%。

要求：计算该进出口公司应纳的进口关税。

【解析】

关税税额=（800+60）×10%=86（万元）

（2）从量税应纳税额的计算。

从量税是以进口商品的数量为计税依据的一种关税计征方法。其计算公式为：

关税税额=应税进口货物数量×单位货物税额

> 请注意   目前我国对啤酒、原油等少数货物采用从量计征。

【例4-3】某进出口公司2017年2月从美国进口800箱啤酒，每箱24瓶，每瓶容积500毫升，价格为CIF3 000美元。

要求：计算该进出口公司应纳的关税。（100美元兑换人民币604元。关税普通税率7.5元/升）

【解析】

应税进口货物数量=800×500×24÷1 000=9 600（升）

关税税额=7.5×9 600=72 000（人民币元）

（3）复合税应纳税额的计算。

复合税是对某种进口货物同时使用从价和从量计征的一种关税计征方法。其计算公式为：

> 请注意   目前我国对广播用录像机、放像机、摄像机等采用从价从量的复合税率。

$$关税税额 = 应税进口货物数量 × 单位货物税额 + 应税进口货物数量 × 单位完税价格 × 税率$$

【例4-4】某进出口公司2017年2月进口2台韩国产摄像机，价格折合人民币31 000元。

要求：计算该进出口公司应纳的关税。（适用优惠税率：从量税为每台3 800元，再征3%的从价税）

【解析】

应纳关税税额=2×3 800+31 000×3%=8 530（人民币元）

（4）滑准税应纳税额的计算。

目前，我国对关税配额外进口的一定数量的棉花实行滑准税。

关税税额=应税进口货物数量×单位完税价格×滑准税税率

【例4-5】某进出口公司2017年2月进口摩托车1 000辆，经海关审定的货价为144万美元。另外，运抵我国关境内输入地点起卸前的包装费为8万美元、运输费为6万美元、保险费为2万美元。假设人民币汇率为1美元＝6.28人民币元；该批摩托车进口关税税率为20%、消费税税率为10%、增值税税率为17%。

要求：计算进口该批摩托车的关税完税价格以及应缴纳的关税、消费税、增值税税额。

【解析】

关税完税价格＝144+8+6+2=160（万美元）

应纳关税税额＝160×6.28×20%=200.96（万人民币元）

应纳消费税税额＝（160×6.28+200.96）÷（1−10%）×10%=133.97（万人民币元）

应纳增值税税额＝（160×6.28+200.96）÷（1−10%）×17%=227.75（万人民币元）

2.2　出口货物应纳税额的计算。

目前，我国出口关税大多采用从价税的形式征收。其计算公式为：

关税税额＝应税出口货物数量×单位完税价格×税率

任务三　申报缴纳关税

情境导入

　　小张同学通过进一步对关税的计税依据及应纳税额计算的学习，熟悉并掌握了企业应缴纳的关税的计算方法。公司的税务师告诉他在计算出应纳税额后，下一步就需要进行关税的纳税申报。现在他需要学习关税的征收管理规定和纳税申报流程，并掌握关税纳税申报表的填制方法。

1.关税的征收管理

1.1　法定减免税

法定减免税是《海关法》和《进出口关税条例》中明确列出的减免税。法定减免税的进出口货物，无须纳税义务人申请，海关可直接按规定予以减免税，一般也不进行减免税后续管理。目前，我国法定减免税的项目有：

（1）关税税额在人民币50元以下的一票货物，可免征关税。

（2）无商业价值的广告品和货样，可免征关税。

（3）外国政府、国际组织无偿赠送的物资，可免征关税。

（4）进出境运输工具装载的途中必需的燃料、物料和饮食用品，可予免税。

（5）因故退还的中国出口货物，经海关审查属实，可予免征进口关税，但已征收的出口关税不予退还。

（6）因故退还的境外进口货物，经海关审查属实，可予免征出口关税，但已征收的进口关税不予退还。

（7）进口货物如有以下情形，经海关查明属实，可酌情减免进口关税：

①在境外运输途中或者在起卸时，遭受损坏或者损失的。

②起卸后海关放行前，因不可抗力遭受损坏或者损失的。

③海关查验时已经破漏、损坏或者腐烂，经证明不是保管不慎造成的。

（8）无代价抵偿货物，即进口货物在征税放行后，发现货物残损、短少或品质不良，而由国外承运人、发货人或保险公司免费补偿或更换的同类货物，可以免税。但有残损或质量问题的原进口货物如未退运国外，其进口的无代价抵偿货物应依法征税。

（9）我国缔结或者参加的国际条约规定减征、免征关税的货物、物品，按照规定予以减免关税。

1.2 特定减免税

特定减免税也称政策性减免税，是在法定减免税之外，国家按照国际通行规则和我国实际情况，对特定地区、企业和用途的进出口货物制定发布的减免税规定。对特定减免税的进出口货物，海关需要进行后续管理，也需要进行减免税统计。目前特定减免税项目主要有：科教用品；残疾人专用品；扶贫、慈善性捐赠物资；加工贸易产品；边境贸易进口物资；保税区进出口货物；出口加工区进出口货物；特定行业或用途的减免税政策。

2.关税的征管

（1）关税缴纳。

进口货物自运输工具申报进境之日起14日内，出口货物在货物运抵海关监管区后装货的24小时以前，应由进出口货物的纳税义务人向货物进（出）境地海关申报，海关根据税则归类和完税价格计算应缴纳的关税和进口环节代征税，并填发税款缴款书。纳税义务人应当自海关填发税款缴款书之日起15日内，向指定银行缴纳税款。如关税缴纳期限的最后1日是周末或法定节假日，则关税缴纳期限顺延至周末或法定节假日过后的第一个工作日。为方便纳税义务人，经申请且海关同意，进（出）口货物的纳税义务人可以在设有海关的指运地（启运地）办理海关申报、纳税手续。

（2）关税的强制执行。

纳税义务人未在关税缴纳期限内缴纳税款，即构成关税滞纳。对滞纳关税的纳税义务人，《海关法》规定有两项强制措施，由海关执行：

①征收关税滞纳金。滞纳金自关税缴纳期限届满之日起，至纳税义务人缴纳关税之日止，按滞纳税款万分之五的比例按日征收，周末或法定节假日不予扣除。

②强制征收。如纳税义务人自海关填发缴款书之日起3个月仍未缴纳税款，经海关关长批准，海关可以从纳税义务人在开户银行或者其他金融机构的存款中强制扣缴税款，或将应税货物依法变卖，以变卖所得抵缴税款。

（3）关税退还。

关税退还是关税纳税义务人按海关核定的税额缴纳关税后，因某种原因的出现，海关将实际征收多于应当征收的税额（称为"溢征"）退还给原纳税义务人的一种行政行为。根据《海关法》的规定，海关多征的税款，海关发现后应当立即退还。

（4）关税补征和追征。

海关征收因纳税人违反海关规定造成短征关税的，称为"追征"，海关征收非因纳税人违反海关规定造成短征关税的，称为"补征"。根据《海关法》的规定，进出境货物和物品放行后，海关发现少征或者漏征税款，应当自缴纳税款或者货物、物品放行之日起1

年内，向纳税义务人补征；因纳税义务人违反规定而造成的少征或者漏征的税款，自纳税义务人应缴纳税款之日起3年以内可以追征，并从缴纳税款之日起按日加收少征或者漏征税款万分之五的滞纳金。

思考题

1.什么是关税？关税有哪些特征？

2.我国关税的税率是如何设置和确定的？

3.进出口货物和物品的完税价格如何确定？

4.我国关税规定有哪些减免税？

5.关税是如何进行征收管理的？

实训题

有进出口经营权的某外贸公司，2017年6月经有关部门批准从境外进口新小轿车40辆，每辆小轿车货价16万元，运抵我国海关前发生运输费用12.70万元、保险费2.50万元。

要求：计算小轿车进口环节应缴纳的关税、消费税和增值税。（小轿车关税税率60%、增值税税率17%、消费税税率9%）

项目五
企业所得税

项目导学

本项目的学习任务主要有企业所得税的基本知识、应纳税额的计算及申报缴纳。通过对本项目的学习，要求：

◆了解企业所得税的概念、特点、税收优惠政策；

◆掌握企业所得税的纳税义务人、征税范围、税率、费用扣除标准、应纳税额的计算方法；

◆熟悉企业所得税的征收管理及申报缴纳等内容。

项目描述

企业所得税是以中国境内企业与其他取得收入的组织所取得的生产经营所得和其他所得为征税对象而征收的一种直接税。在我国税制结构中占有很重要的地位，在组织财政收入、促进经济发展、进行宏观调控等方面具有非常重要的作用。

长期以来，我国所得税按照内资、外资企业分别立法。为建立规范、公平竞争的市场环境，2007年3月16日第十届全国人民代表大会第五次会议通过了《中华人民共和国企业所得税法》（以下简称《企业所得税法》），内资、外资企业实行统一的企业所得税法，企业所得税的基本税率设定为25%。

企业所得税的征收范围广，除了个人独资企业和合伙企业不需要缴纳企业所得税之外，其他所有企业都属于企业所得税的征收范围。

项目分析

居民企业应纳税额的计算是本项目的重点和难点。对于居民企业，应准确判断企业所得税的征税对象、适用税率，确定企业所得税的应税收入、允许扣除以及不得扣除的费用内容和标准，熟悉各项减免税的规定，能够采用间接计算法准确计算居民企业当期应纳税额并进行纳税申报。

任务一　　　认识企业所得税

情境导入

　　为了进一步提高小张同学的业务能力，公司的税务师让他参与代理的是青岛奥信电器股份有限公司的企业所得税申报工作。小张同学首先需要对企业所得税的基本知识进行学习，了解企业所得税的概念、特点、纳税义务人、征税对象、税率等内容。

1.企业所得税的概念和特点

1.1　企业所得税的概念

企业所得税是对中国境内的企业与其他取得收入的组织所取得的生产经营所得和其他所得征收的一种税。

@知识链接

企业所得税法律制度

　　1950年1月，中央人民政府政务院公布的《工商业税暂行条例》中规定，凡是在我国境内从事以营利为目的的工商事业，应分别营业额和所得额计缴工商业税。这是我国企业所得税法律制度的雏形。

　　1980年9月10日，第五届全国人民代表大会第三次会议通过并公布实施了《中华人民共和国中外合资经营企业所得税法》。这是新中国成立以来的第一部企业所得税法。

　　1991年第七届全国人民代表大会第四次会议通过了《中华人民共和国外商投资企业和外国企业所得税法》。

　　1993年12月31日，国务院发布了《中华人民共和国企业所得税暂行条例》。

　　2007年3月16日，第十届全国人民代表大会第五次会议通过了《中华人民共和国企业所得税法》，于2008年1月1日起施行。同时废止《中华人民共和国外商投资企业和外国企业所得税法》和《中华人民共和国企业所得税暂行条例》，实现了内资、外资企业适用统一的企业所得税法，有利于企业间的公平竞争。

　　2007年12月6日，国务院公布《中华人民共和国企业所得税法实施条例》。

　　随后国家财政、税务主管部门又制定了一系列部门规章和规范性文件，这些法律法规、部门规章及规范性文件构成了我国企业所得税法律制度。

1.2　企业所得税的特点

现行的企业所得税具有以下特点：

（1）计税依据为应纳税所得额。

企业所得税的计税依据是应纳税所得额，是纳税人当期收入总额扣除成本、费用、税金、损失等支出后的

> **请注意**　计算所得税的依据是应纳税所得额而不是利润总额。

净所得额，在计算应纳税所得额时遵循的是税法的标准，与利润总额不同，利润总额在计算时遵循的是会计制度的标准。

（2）应纳税所得额的计算较为复杂。

企业所得税以应纳税所得额为计税依据，计算时涉及一定时期的成本、费用的归集与分摊。对纳税人不同的所得项目实行区别对待，通过不予计列项目，将某些收入所得排除在应纳税所得额之外。

（3）征税以量能负担为原则。

所得多、负担能力大的，多纳税；所得少、负担能力小的，少纳税；无所得、没有负担能力的，不纳税。这种将所得税负担和纳税人所得多少联系起来征税的办法，体现了税收公平的基本原则。

（4）实行按年计征、分期预缴的征收管理办法。

企业所得税以全年的应纳税所得额作为计税依据，分月或分季预缴，年终汇算清缴。与会计年度及核算期限一致，体现了税收的征收管理和企业核算期限的一致性。

2.企业所得税的纳税义务人

企业所得税的纳税义务人，是指在中华人民共和国境内的企业和其他取得收入的组织。

依照中国法律、行政法规成立的个人独资企业、合伙企业不属于企业所得税的纳税义务人，不缴纳企业所得税。

企业所得税法采用地域管辖权和居民管辖权双重标准，将企业所得税的纳税人划分为居民企业和非居民企业，承担不同的纳税义务。

2.1 居民企业

居民企业，是指依法在中国境内成立，或者依照外国（地区）法律成立但实际管理机构在中国境内的企业。

企业包括国有企业、集体企业、私营企业、联营企业、股份制企业、外商投资企业、外国企业以及有生产、经营所得和其他所得的其他组织。

实际管理机构，是指对企业的生产经营、人员、账务、财产等实施实质性全面管理和控制的机构。

2.2 非居民企业

非居民企业，是指依照外国（地区）法律成立且实际管理机构不在中国境内，但在中国境内设立机构、场所的，或者在中国境内未设立机构、场所，但有来源于中国境内所得的企业。

上述所称机构、场所是指在中国境内从事生产经营活动的机构、场所，包括：

（1）管理机构、营业机构、办事机构。

（2）工厂、农场、开采自然资源的场所。

（3）提供劳务的场所。

（4）从事建筑、安装、装配、修理、勘探等工程作业的场所。

（5）其他从事生产经营活动的机构、场所。

非居民企业委托营业代理人在中国境内从事生产经营活动的，包括委托单位或者个人经常代其签订合同，或者储存、交付货物等，该营业代理人视为非居民企业在中国境内设立的机构、场所。

【例5-1】 下列各项中，不属于企业所得税纳税义务人的是（　　）。

A.在外国成立但实际管理机构在中国境内的企业

B.在中国境内成立的外商独资企业

C.在中国境内成立的个人独资企业

D.在中国境内未设立机构、场所，但有来源于中国境内所得的企业

【解析】

正确答案是C。A属于居民企业，B属于居民企业，D属于非居民企业。

2.3　扣缴义务人

（1）支付人为扣缴义务人。

非居民企业在中国境内未设立机构、场所的，或者虽设立机构、场所但取得的所得与其所设机构、场所没有实际联系的，其来源于中国境内的所得应缴纳的企业所得税，实行源泉扣缴，以支付人为扣缴义务人。税款由扣缴义务人在每次支付或者到期应支付时，从支付或者到期应支付的款项中扣缴。

（2）税务机关指定扣缴义务人。

对非居民企业在中国境内取得工程作业和劳务所得应缴纳的所得税，税务机关可以指定工程价款或者劳务费的支付人为扣缴义务人。

3.征税对象

企业所得税的征税对象，是指企业的生产经营所得、其他所得和清算所得，包括销售货物所得、提供劳务所得、转让财产所得、股息红利等权益性投资所得、利息所得、租金所得、特许权使用费所得、接受捐赠所得和其他所得。

3.1　居民企业的征税对象

居民企业应就来源于中国境内、境外的所得作为征税对象。

3.2　非居民企业的征税对象

（1）非居民企业在中国境内设立机构、场所的，应当就其所设机构、场所取得的来源于中国境内的所得，以及发生在中国境外但与其所设机构、场所有实际联系的所得，缴纳企业所得税。

（2）非居民企业在中国境内未设立机构、场所的，或者虽设立机构、场所但取得的所得与其所设机构、场所没有实际联系的，应当就其来源于中国境内的所得缴纳企业所得税。

> 请注意　纳税人不同，征税对象也不同。

居民企业和非居民企业的区别见表5-1。

3.3　来源于中国境内、境外的所得的确定原则

（1）销售货物所得，按照交易活动发生地确定。

（2）提供劳务所得，按照劳务发生地确定。

（3）转让财产所得，不动产转让所得按照不动产所在地确定；动产转让所得按照转让动产的企业或者机构、场所所在地确定；权益性投资资产转让所得按照被投资企业所在地确定。

表5-1　　　　　　　　　　　　居民企业和非居民企业的区别

纳税义务人	纳税义务人的判断标准	所得来源		是否纳税
居民企业	依法在中国境内成立的企业	境内所得 境外所得		√
	依照外国（地区）法律成立，但实际管理机构在中国境内的企业			
非居民企业	依照外国（地区）法律成立且实际管理机构不在中国境内，但在中国境内设立机构、场所的企业	境内所得		√
		境外所得	与境内机构、场所有实际联系	√
			与境内机构、场所没有实际联系	×
	在中国境内未设立机构、场所，但有来源于中国境内所得的企业	境内所得		√
		境外所得		×

（4）股息、红利等权益性投资所得，按照分配所得的企业所在地确定。

（5）利息所得、租金所得、特许权使用费所得，按照负担、支付所得的企业或者机构、场所所在地确定，或者按照负担、支付所得的个人的住所地确定。

（6）其他所得，由国务院财政、税务主管部门确定。

4.企业所得税税率

企业所得税税率是体现国家与企业分配关系的核心要素。我国企业所得税实行比例税率，是对纳税人应纳税所得额征收的比率，即应纳税额与应纳税所得额的比率。比例税率简便易行，透明度高，不会因为征税而改变企业间收入分配的比例，有利于促进效率的提高。

4.1　基本税率

企业所得税基本税率为25%。

该税率适用于居民企业和在中国境内设立机构、场所且所得与机构、场所有实际联系的非居民企业。

4.2　优惠税率

（1）非居民企业的优惠税率。

该税率适用于在中国境内未设立机构、场所的，或者虽设立机构、场所但取得的所得与其所设机构、场所没有实际联系的非居民企业。其应当就其来源于中国境内的所得缴纳企业所得税，适用20%的税率，实际征收时减按10%。

居民企业与非居民企业所得税税率见表5-2。

（2）小型微利企业的优惠税率。

符合条件的小型微利企业，减按20%的税率征收企业所得税。小型微利企业的确定条件如下：

①工业企业，年度应纳税所得额不超过30万元，从业人数不超过100人，资产总额不超过3 000万元。

表5-2 居民企业与非居民企业所得税税率表

纳税义务人		适用税率
居民企业	基本税率	25%
	小型微利企业的优惠税率	20%
	高新技术企业的优惠税率	15%
非居民企业	在中国境内设立机构、场所且取得的所得与其所设机构、场所有实际联系的企业	25%
	在中国境内设立机构、场所，但取得的所得与其所设机构、场所没有实际联系的企业	基本税率：20%
		优惠税率：减按10%
	在中国境内未设立机构、场所，但有来源于中国境内所得的企业	基本税率：20%
		优惠税率：减按10%

② 其他企业，年度应纳税所得额不超过30万元，从业人数不超过80人，资产总额不超过1 000万元。

（3）高新技术企业的优惠税率。

国家需要重点扶持的高新技术企业，减按15%的税率征收企业所得税。

@ 知识链接

世界各国企业所得税税率概况

现行企业所得税的基本税率设定为25%，与世界各国相比较还是偏低的。有关资料介绍，世界上近160个实行企业所得税的国家（地区）平均税率为28.6%，我国周边18个国家（地区）的平均税率为26.7%。现行税率的确定，既考虑了我国财政承受能力，又考虑了企业的负担水平。

任务二 计算企业所得税的应纳税额

情境导入

小张同学通过对企业所得税基本知识的学习，熟悉并掌握了企业所得税的概念、特点、纳税义务人、征税对象、税率等内容，现在他需要进一步学习企业所得税的计算方法，正确地计算应纳税额。

按照《企业所得税法》的规定，应纳税所得额是企业所得税的计税依据，企业应纳税额为应纳税所得额与企业所得税税率的乘积。其计算公式为：

企业应纳税额=应纳税所得额×所得税税率

应纳税所得额=收入总额-不征税收入-免税收入-各项扣除-以前年度亏损

1. 收入总额的确定

1.1　收入总额的内容

按照《企业所得税法》的规定，企业的收入总额包括以货币形式和非货币形式从各种来源取得的收入，具体包括：

（1）销售货物收入。

（2）提供劳务收入。

（3）转让财产收入。

（4）股息、红利等权益性投资收益。

（5）利息收入。

（6）租金收入。

（7）特许权使用费收入。

（8）接受捐赠收入。

（9）其他收入。

1.2　收入的确认

1.2.1　销售货物收入

销售货物收入是指企业销售商品、产品、原材料、包装物、低值易耗品以及其他存货取得的收入。

（1）收入确认的条件。

《企业所得税法》对于收入确认要求同时满足以下条件：

①商品销售合同已经签订，企业已经将与商品所有权相关的主要风险和报酬转移给购货方。

②企业对已售出的商品既没有保留通常与所有权相联系的继续管理权，也没有实施有效控制。

③收入的金额能够可靠地计量。

④已发生或将发生的销售方的成本能够可靠地核算。

（2）收入确认的时间。

①销售商品采用托收承付方式的，在办妥托收手续时确认收入。

②销售商品采取预收款方式的，在发出商品时确认收入。

③销售商品需要安装和检验的，在购买方接受商品以及安装和检验完毕时确认收入，如果安装程序比较简单，可在发出商品时确认收入。

④销售商品采用支付手续费方式委托代销的，在收到代销清单时确认收入。

1.2.2　提供劳务收入

提供劳务收入是指企业从事建筑安装、修理修配、交通运输、仓储租赁、金融保险、邮电通信、咨询经纪、文化体育、科学研究、技术服务、教育培训、餐饮住宿、中介代理、卫生保健、社区服务、旅游、娱乐、加工以及其他劳务服务活动取得的收入。

企业在各个纳税期末，提供劳务交易的结果能够可靠估计的，应采用完工进度（完工百分比）法确认提供劳务收入。

1.2.3　转让财产收入

转让财产收入是指企业转让固定资产、生物资产、无形资产、股权、债权等财产取得的收入。

企业转让股权收入，应于转让协议生效且完成股权变更手续时，确认收入的实现。转让股权收入扣除为取得该股权所发生的成本后，为股权转让所得。企业在计算股权转让所得时，不得扣除被投资企业未分配利润的股东留存收益中按该项股权所可能分配的金额。

1.2.4　股息、红利等权益性投资收益

股息、红利等权益性投资收益是指企业因权益性投资从被投资方取得的收入。

企业取得的股息、红利等权益性投资收益，除国务院财政、税务主管部门另有规定外，按照被投资方做出利润分配决定的日期确认收入的实现。

被投资企业将股权（票）溢价所形成的资本公积转为股本的，不作为投资方企业的股息、红利收入，投资方企业也不得增加该项长期投资的计税基础。

1.2.5　利息收入

利息收入是指企业将资金提供给他人使用但不构成权益性投资，或者因他人占用本企业资金取得的收入，包括存款利息、贷款利息、债券利息、欠款利息等收入。

企业取得的利息收入，按照合同约定的债务人应付利息的日期确认收入的实现。

1.2.6　租金收入

租金收入是指企业提供固定资产、包装物或者其他有形资产的使用权取得的收入。

企业取得的租金收入，按照合同约定的承租人应付租金的日期确认收入的实现。如果交易合同或协议中规定租赁期限跨年度，且租金提前一次性支付的，根据收入与费用配比原则，出租人可对上述已确认的收入，在租赁期内，分期均匀计入相关年度收入。

1.2.7　特许权使用费收入

特许权使用费收入是指企业提供专利权、非专利技术、商标权、著作权以及其他特许权的使用权取得的收入。

企业取得的特许权使用费收入，按照合同约定的特许权使用人应付特许权使用费的日期确认收入的实现。

1.2.8　接受捐赠收入

接受捐赠收入是指企业接受的来自其他企业、组织或者个人无偿给予的货币性资产、非货币性资产。

企业接受捐赠收入，按照实际收到捐赠资产的日期确认收入的实现。

1.2.9　特殊收入

（1）以分期收款方式销售货物的，按照合同约定的收款日期确认收入的实现。

（2）企业受托加工制造大型机械设备、船舶、飞机，以及从事建筑、安装、装配工程业务或者提供其他劳务等，持续时间超过12个月的，按照纳税年度内完工进度或者完成的工作量确认收入的实现。

（3）采取产品分成方式取得收入的，按照企业分得产品的日期确认收入的实现，其收入额按照产品的公允价值确定。

（4）企业发生非货币性资产交换，以及将货物、财产、劳务用于捐赠、偿债、赞助、集资、广告、样品、职工福利或者利润分配等用途的，应当视同销售货物、转让财产或者提供劳务，但国务院财政、税务主管部门另有规定的除外。

2.不征税收入和免税收入

国家为了扶持和鼓励某些特殊的纳税人和特定的项目，或者避免因征税影响企业的正常经营，对企业取得的某些收入予以不征税或免税的特殊政策，以减轻企业的负担，促进经济的协调发展，或准予抵扣应纳税所得额，或者是对专项用途的资金作为非税收入处理，减轻企业的税负，增加企业可用资金。

2.1　不征税收入

不征税收入是指从性质和根源上不属于企业营利性活动带来的经济利益、不作为应纳税所得额组成部分的收入，不应列为征收范围的收入。其包括：

请注意　不征税收入 ≠ 免税收入

（1）财政拨款。

财政拨款是指各级人民政府对纳入预算管理的事业单位、社会团体等组织拨付的财政资金，但国务院和国务院财政、税务主管部门另有规定的除外。

（2）依法收取并纳入财政管理的行政事业性收费、政府性基金。

行政事业性收费是指依照法律法规等有关规定，按照国务院规定程序批准，在实施社会公共管理，以及在向公民、法人或者其他组织提供特定公共服务过程中，向特定对象收取并纳入财政管理的费用。

政府性基金，是指企业按照法律、行政法规等有关规定，代政府收取的具有专项用途的财政资金。

（3）国务院规定的其他不征税收入。

国务院规定的其他不征税收入是指企业取得的，由国务院财政、税务主管部门规定专项用途，并经国务院批准的财政性资金。

财政性资金，是指企业取得的来源于政府及其有关部门的财政补助、补贴、贷款贴息，以及其他各类财政专项资金，包括直接减免的增值税和即征即退、先征后退、先征后返的各种税收，但不包括企业按规定取得的出口退税款。

2.2　免税收入

免税收入是指属于企业的应税所得，但是按照税法规定免予征收企业所得税的收入。其包括：

（1）国债利息收入。

为鼓励企业积极购买国债，支援国家建设，税法规定，企业因购买国债所得的利息收入，免征企业所得税。

（2）符合条件的居民企业之间的股息、红利等权益性投资收益。

符合条件的居民企业之间的股息、红利等权益性投资收益是指居民企业直接投资于其他居民企业取得的投资收益。

（3）在中国境内设立机构、场所的非居民企业从居民企业取得与该机构、场所有实际联系的股息、红利等权益性投资收益。

股息、红利等权益性投资收益不包括连续持有居民企业公开发行并上市流通的股票不足12个月取得的投资收益。

（4）符合条件的非营利组织的收入。

符合条件的非营利组织的收入，不包括非营利组织从事营利性活动取得的收入，但国

务院财政、税务主管部门另有规定的除外。对非营利组织从事非营利性活动取得的收入给予免税，但从事营利性活动取得的收入则要征税。

【例5-2】青岛奥信电器股份有限公司2016年的利润总额为130万元，其中：直接投资于其他居民企业而分回的税后利润为25万元，国债的利息收入为5万元。假设除此之外再无其他纳税调整项目。

要求：计算该公司2016年的应纳税所得额。

【解析】

（1）直接投资于其他居民企业而分回的税后利润25万元，属于免税收入。

（2）国债的利息收入5万元，属于免税收入。

所以在计算该公司的应纳税所得额时应将上述两项收入之和30万元从利润总额中扣除：

应纳税所得额=130-25-5=100（万元）

3.企业所得税税前扣除项目

《企业所得税法》规定，企业实际发生的与取得收入有关的、合理的支出，包括成本、费用、税金、损失和其他支出，准予在计算应纳所得税额时扣除。企业在计算应纳税所得额时准予扣除的具体项目如下：

（1）成本。

成本是指企业在生产经营活动中发生的销售成本、销货成本、业务支出以及其他耗费，即企业销售商品、提供劳务、转让固定资产、转让无形资产的成本。

（2）费用。

费用是指企业每一个纳税年度为生产、经营商品或提供劳务等所发生的销售（经营）费用、管理费用和财务费用。已经计入成本的有关费用除外。

（3）税金。

税金是指企业发生的除企业所得税和允许抵扣的增值税以外的企业缴纳的各项税金及其附加，即企业按规定缴纳的消费税、城市维护建设税、关税、资源税、土地增值税、房产税、车船税、城镇土地使用税、印花税、教育费附加等税金及附加。

（4）损失。

损失是指企业在生产经营活动中发生的固定资产和存货的盘亏、毁损、报废损失，转让财产损失，呆账损失，坏账损失，自然灾害等不可抗力因素造成的损失以及其他损失。

（5）其他支出。

其他支出是指除成本、费用、税金、损失外，企业在生产经营活动中发生的与生产经营活动有关的、合理的支出。

4.常见扣除项目的内容及其标准

在计算应纳税所得额时，下列项目可按照实际发生额或规定的标准扣除：

4.1　工资、薪金支出

企业发生的合理的工资、薪金支出准予据实扣除。

工资、薪金支出是企业每一纳税年度支付给本企业任职或与其有雇佣关系的员工的所有现金或非现金形式的劳动报酬，包括基本工资、奖金、津贴、补贴、年终加薪、加班工资，以及与任职或者受雇有关的其他支出。

【例5-3】青岛奥信电器股份有限公司2016年的利润总额为2 000万元，实际发放工资、薪金900万元，该厂职工共200人，经税务机关核定的合理工资薪金为每人3 500元/月。

要求：在计算2016年该公司应纳税所得额时允许扣除的工资、薪金是多少？超限额发放的工资、薪金在计算应纳税所得额时如何处理？

【解析】

2016年该企业在计算应纳税所得额时允许扣除的工资、薪金=3 500×200×12÷10 000=840（万元）

该公司实际发放的工资、薪金为900万元，900万元>840万元，60万元（900-840）属于税法不允许税前扣除的项目，应调增应纳税所得额。

应纳税所得额=2 000+60=2 060（万元）

4.2 职工福利费、工会经费、职工教育经费

企业发生的职工福利费、工会经费、职工教育经费按照标准扣除，未超过标准的按照实际数扣除，超过标准的只能按照标准扣除。

（1）企业发生的职工福利费支出，不超过工资、薪金总额14%的部分，准予扣除。

（2）企业拨缴的工会经费，不超过工资、薪金总额2%的部分，准予扣除。

（3）企业发生的职工教育经费支出，除国务院财政、税务主管部门另有规定外，不超过工资薪金总额2.5%的部分，准予扣除；超过部分，准予结转以后纳税年度扣除。

上述计算职工福利费、工会经费、职工教育经费的工资、薪金总额，是指企业按照上述规定确定的工资薪金总和，不包括企业的职工福利费、工会经费、职工教育经费以及养老保险费、医疗保险费、失业保险费、工伤保险费、生育保险费等社会保险费和住房公积金（即"五险一金"）。

【例5-4】青岛奥信电器股份有限公司2016年发生的合理的工资、薪金总额为150万元，职工福利费为30万元，拨缴的工会经费为3万元（已经取得工会拨缴收据），实际发生的职工教育经费为4万元。

要求：该公司在计算2016年应纳税所得额时，三项费用应如何调整？

【解析】

职工福利费：

实际发生30万元，准予扣除的限额为21万元（150×14%），9万元（30-21）超过准予扣除的限额，不允许税前扣除，所以在计算应纳税所得额时应调增9万元。

工会经费：

实际发生3万元，准予扣除的限额为3万元（150×2%），没有超过准予扣除的限额，可以据实扣除。

职工教育经费：

实际发生4万元，准予扣除的限额为3.75万元（150×2.5%），0.25万元（4-3.75）超过准予扣除的限额，不允许税前扣除，所以在计算应纳税所得额时应调增0.25万元。

所以，青岛奥信电器股份有限公司2016年应调增应纳税所得额9.25万元（9+0.25）。

4.3 社会保险费

（1）企业依照国务院有关主管部门或者省级人民政府规定的范围和标准为职工缴纳的五险一金，即基本养老保险费、基本医疗保险费、失业保险费、工伤保险费、生育保险费

等基本社会保险费和住房公积金，准予扣除。

（2）企业根据国家有关政策规定，为企业的投资者或者职工支付的补充养老保险费、补充医疗保险费，分别在不超过职工工资总额5%标准内的部分，在计算应纳税所得额时，准予扣除；超过的部分，不予扣除。

4.4　保险费

（1）企业参加财产保险，按照规定缴纳的保险费，准予扣除。

（2）除企业依照国家有关规定为特殊工种职工支付的人身安全保险费和符合国务院财政、税务主管部门规定可以扣除的其他商业保险费外，企业为投资者或职工支付的商业保险费，不得扣除。

根据国家税务总局公告的《关于企业差旅费中人身意外保险费支出税前扣除问题》的规定：企业职工因公出差乘坐交通工具发生的人身意外保险费支出，准予企业在计算应纳税所得额时扣除。

【例5-5】以下保险费允许在企业所得税前扣除的有（　　　　）。

A.企业为职工支付的基本养老保险费

B.企业为职工支付的基本医疗保险费

C.企业为其投资者或者职工支付的商业养老分红型保险费

D.企业为职工支付的家庭财产保险费

【解析】

正确答案为：AB。

4.5　利息费用

企业在生产、经营活动中发生的利息费用，按下列规定扣除：

（1）非金融企业向金融企业借款的利息支出、金融企业的各项存款利息支出和同业拆借利息支出、企业经批准发行债券的利息支出可据实扣除。

（2）非金融企业向非金融企业借款的利息支出，不超过按照金融企业同期同类贷款利率计算的数额的部分可据实扣除，超过部分不许扣除。

（3）凡企业投资者在规定期限内未缴足其应缴资本额的，该企业对外借款所发生的利息，相当于投资者实缴资本额与在规定期限内应缴资本额的差额应计付的利息，其不属于企业的合理支出，应由企业投资者负担，在计算企业应纳税所得额时，不得扣除。

（4）关联企业利息费用的扣除。

企业从其关联方接受的债权性投资与权益性投资的比例超过规定标准而发生的利息支出，不得在计算应纳税所得额时扣除。

（5）企业向自然人借款的利息支出的扣除。

①企业向股东或其他与企业有关联关系的自然人借款的利息支出，应根据财政部、国家税务总局规定的条件计算企业所得税扣除额。

②企业向内部职工或其他人员借款的利息支出，不超过按照金融企业同期同类贷款利率计算的数额的部分，准予扣除。

【例5-6】青岛奥信电器股份有限公司2016年实现的利润总额为25万元。经某注册税务师审核，"财务费用"账户中列支有两笔利息费用：向银行借入生产用资金200万元，借用期限6个月，利率5%，支付借款利息5万元；经过批准向本企业职工借入生产用资金

60万元，借用期限10个月，支付借款利息3.5万元。

要求：该公司在计算应纳税所得额时，应如何调整利息费用？

【解析】

（1）按照规定，企业向银行借入的资金产生的利息5万元准予扣除。

（2）向职工借款的利息只允许扣除按照银行同期贷款利率计算的部分。

按照银行同期贷款利率计算的利息为2.5万元（60×5%÷12×10）；企业实际支付利息3.5万元；1万元（3.5-2.5）属于超标准的利息费用，不得税前扣除，应调增应纳税所得额。

所以，青岛奥信电器股份有限公司2016年应纳税所得额为26万元（25+1）。

4.6　借款费用

（1）企业在生产经营活动中发生的合理的不需要资本化的借款费用，准予扣除。

（2）企业为购置、建造固定资产、无形资产和经过12个月以上的建造才能达到预定可销售状态的存货发生借款的，在有关资产购置、建造期间发生的合理的借款费用，应予以资本化，作为资本性支出计入有关资产的成本；有关资产交付使用后发生的借款利息，可在发生当期扣除。

【例5-7】青岛奥信电器股份有限公司向银行借款400万元用于建造厂房，借款期从2016年1月1日至12月31日，借款利息为36万元，该厂房于2016年10月31日达到预定可使用状态，于11月30日进行完工结算。

要求：计算该公司2016年税前可扣除的利息费用。

【解析】

固定资产购建期间（2016年1月1日—10月31日）发生的合理利息费用为30万元（36÷12×10），应予以资本化，记入"在建工程"科目。

固定资产达到预定可使用状态后（2016年11月1日—12月31日）发生的利息费用为6万元（36÷12×2），可在发生当期扣除。

所以，公司2016年税前可扣除的利息费用为6万元。

4.7　业务招待费

企业发生的与生产经营活动有关的业务招待费支出，按照发生额的60%扣除，但最高不得超过当年销售（营业）收入的5‰。

企业在筹建期间发生的与筹办活动有关的业务招待费支出，可按实际发生额的60%计入企业筹办费，并按照有关规定在税前扣除。

> 请注意　业务招待费的扣除是双重标准。

对从事股权投资业务的企业，其从被投资企业所分配的股息、红利以及股权转让收入，可以按规定的比例计算业务招待费扣除限额。

【例5-8】青岛奥信电器股份有限公司2016年实现的利润总额为200万元，其中：主营业务收入为4 000万元，其他业务收入为1 000万元，本年实际发生的业务招待费为70万元。

要求：计算可税前扣除的业务招待费的金额。

【解析】

业务招待费的扣除限额=70×60%=42（万元）

业务招待费的最高扣除限额=（4 000+1 000）×5‰=25（万元）

因为42万元<25万元，所以业务招待费的税前扣除额为25万元。

【例5-9】青岛奥信电器股份有限公司2016年实现的主营业务收入为8 000万元，其他业务收入为2 000万元，本年实际发生的业务招待费为70万元。

要求：计算可税前扣除的业务招待费的金额。

【解析】

业务招待费的扣除限额=70×60%=42（万元）

业务招待费的最高扣除限额=（8 000+2 000）×5‰=50（万元）

因为42万元<50万元，所以业务招待费的税前扣除额为42万元。

由上述计算可知：业务招待费的实际扣除额有两个限额：发生额的60%和当年销售（营业）收入的5‰。两个限额中的较小者就是业务招待费的实际扣除额。

4.8   广告费和业务宣传费

企业发生的符合条件的广告费和业务宣传费支出，除国务院财政、税务主管部门另有规定外，不超过当年销售（营业）收入15%的部分，准予扣除；超过部分，准予结转以后纳税年度扣除。

> **请注意**　广告费和业务宣传费的超出部分以后年度还可以继续抵扣。

企业在筹建期间发生的广告费和业务宣传费，可按实际发生额计入企业筹办费，并按有关规定在税前扣除。

【例5-10】青岛奥信电器股份有限公司2016年实现产品销售收入500万元，当年发生广告费60万元，公司2015年还有35万元的广告费没有在税前扣除。

要求：计算该公司2016年可以税前扣除的广告费是多少万元。

【解析】

企业2016年广告费扣除标准为不超过当年销售（营业）收入的15%，超过部分可以结转以后纳税年度扣除。

当年准予扣除的广告费为75万元（500×15%），75万元>60万元，因此2016年发生的60万元广告费可以全部扣除；同时，企业2015年还有35万元的广告费没有在税前扣除，按照规定本年度还可以扣除上年结转的35万元广告费中的15万元（75-60），即企业2016年可以扣除的广告费是75万元。2015年剩余的20万元广告费留待以后年度继续结转扣除。

4.9   公益性捐赠支出

企业发生的公益性捐赠支出，不超过年度利润总额的12%的部分，准予扣除。

年度利润总额，是指企业按照国家统一的会计制度核算的年度会计利润。

公益性捐赠，是指企业通过公益性社会团体或者县级（含县级）以上人民政府及其部门，用于《中华人民共和国公益事业捐赠法》规定的公益事业的捐赠。具体范围包括：

（1）救助灾害、救济贫困、扶助残疾人等困难的社会群体和个人的活动。

（2）教育、科学、文化、卫生、体育事业。

（3）环境保护、社会公共设施建设。

（4）促进社会发展和进步的其他社会公共和福利事业。

企事业单位、社会团体以及其他组织捐赠住房作为廉租住房的，视同公益性捐赠，按上述规定执行。

【例5-11】青岛奥信电器股份有限公司2016年税前会计利润为700万元，营业外支出中有一项通过希望工程基金会捐赠的款项80万元，还有一项通过省政府对外的捐赠20万元，除此之外无其他纳税调整项目。

要求：该公司2016年在计算应纳税所得额时公益性捐赠的调整金额是多少？

【解析】

由于一项捐赠是通过希望工程基金会捐赠的，一项捐赠是通过省政府（满足县级（含县级）以上政府的条件）捐赠的，均符合公益性捐赠的条件。按照规定允许扣除的限额是会计利润总额的12%以内的部分，超过部分不允许扣除。

捐赠扣除限额=700×12%=84（万元）

捐赠超过限额的部分=（80+20）-84=16（万元）

16万元不允许税前扣除，在计算应纳税所得额时应调增16万元。

4.10　租赁费

企业根据生产经营活动的需要租入固定资产支付的租赁费，按照以下方法扣除：

（1）以经营租赁方式租入固定资产发生的租赁费支出，按照租赁期限均匀扣除。经营性租赁是指所有权不转移的租赁。

（2）以融资租赁方式租入固定资产发生的租赁费支出，按照规定构成融资租入固定资产价值的部分应当提取折旧费用，分期扣除。融资租赁是指在实质上转移与一项资产所有权有关的全部风险和报酬的一种租赁。

【例5-12】青岛奥信电器股份有限公司2016年3月1日以经营租赁方式租入一项固定资产，租期1年，共支付租金1.2万元；6月1日以融资租赁方式租入机器设备一台，租期10年，2016年支付租金1.5万元。

要求：2016年该公司计算应纳税所得额时应扣除的租赁费用为多少万元？

【解析】

按照税法规定，以融资租赁方式租入机器设备支付的租金1.5万元，在计算应纳税所得额时不允许扣除；以经营租赁方式租入固定资产支付的租金可以扣除。

2016年该公司计算应纳税所得额时应扣除的租赁费用=1.2÷12×10=1（万元）

4.11　资产损失

企业当期发生固定资产和流动资产盘亏、毁损净损失，由其提供清查盘存资料，经主管税务机关审核后，准予扣除。

【例5-13】青岛奥信电器股份有限公司（一般纳税人）2016年因管理不善损失一批外购材料，价值50万元（不含增值税），保险公司调查后同意赔付5万元。

要求：该公司税前可以扣除的损失为多少？

【解析】

税前可以扣除的损失=50×（1+17%）-5=53.5（万元）

4.12　劳动保护费

企业发生的合理的劳动保护支出，准予扣除。自2011年7月1日起，企业根据其工作性质和特点，由企业统一制作并要求员工工作时统一着装所发生的工作服饰费用，根据《中华人民共和国企业所得税法实施条例》第二十七条的规定，可以作为企业合理的支出给予税前扣除。

4.13 环境保护专项资金

企业依照法律、行政法规有关规定提取的用于环境保护、生态恢复等方面的专项资金，准予扣除。但是，上述专项资金提取后改变用途的，不得扣除。

4.14 汇兑损失

企业在货币交易中，以及纳税年度终了时将人民币以外的货币性资产、负债，按照期末即期人民币汇率中间价折算为人民币时产生的汇兑损失，除已经计入有关资产成本以及与向所有者进行利润分配相关的部分外，准予扣除。

4.15 有关资产的费用

企业转让各类固定资产发生的费用，允许扣除。企业按规定计算的固定资产折旧费、无形资产和递延资产的摊销费，准予扣除。

4.16 总机构分摊的费用

非居民企业在中国境内设立的机构、场所，就其中国境外总机构发生的与该机构、场所生产经营有关的费用，能够提供总机构出具的费用汇集范围、定额、分配依据和方法等证明文件，并合理分摊的，准予扣除。

4.17 手续费及佣金支出

企业发生的与生产经营有关的手续费及佣金支出，不超过以下规定计算限额以内的部分，准予扣除；超过部分，不得扣除。

（1）财产保险企业：按当年全部保费收入扣除退保金等后余额15%（含本数，下同）计算限额。

（2）人身保险企业：按当年全部保费收入扣除退保金等后余额的10%计算限额。

（3）其他企业：按与具有合法经营资格中介服务机构或个人（不含交易双方及其雇员、代理人和代表人等）所签订服务协议或合同确认的收入金额的5%计算限额。

4.18 其他项目

依照有关法律、行政法规等规定准予扣除的会员费、合理的会议费、差旅费、违约金、诉讼费用等。

5.不得扣除的项目

在计算应纳税所得额时，下列支出不得扣除：

（1）向投资者支付的股息、红利等权益性投资收益款项。

（2）企业所得税税款。

（3）税收滞纳金。税收滞纳金是指纳税人违反税收法规，被税务机关处以的滞纳金。

（4）罚金、罚款和被没收财物的损失。罚金、罚款和被没收财物的损失是指纳税人违反国家有关法律、法规规定，被有关部门处以的罚款，以及被司法机关处以的罚金和被没收的财物。

（5）超过规定标准的捐赠支出。

（6）赞助支出。赞助支出是指企业发生的与生产经营活动无关的各种非广告性质支出。

（7）未经核定的准备金支出。未经核定的准备金支出是指不符合国务院财政、税务主管部门规定的各项资产减值准备、风险准备等准备金支出。

（8）企业之间支付的管理费、企业内营业机构之间支付的租金和特许权使用费，以及非银行企业内营业机构之间支付的利息。

（9）与取得收入无关的其他支出。

【例5-14】青岛奥信电器股份有限公司2016年度利润总额为1 000万元，营业外支出中包含税收滞纳金罚款2万元，银行的罚息1万元，该企业适用25%的所得税税率。

要求：根据上述资料分析该公司2016年度计算应纳税所得额时的调整金额。

【解析】

（1）税收滞纳金罚款属于税法不允许税前扣除的项目，所以应调整纳税。

（2）银行的罚息不属于税法列支的行政性罚款，因而允许税前扣除。

所以在计算应纳税所得额时需要调整的金额为2万元。

6.亏损弥补

（1）《企业所得税法》规定，企业某一纳税年度发生的亏损可以用下一年度的所得弥补，下一年度的所得不足以弥补的，可以逐年连续弥补，但最长不得超过5年。而且，企业在汇总计算缴纳企业所得额时，其境外营业机构的亏损不得抵减境内营业机构的盈利。

（2）企业筹办期间不计算为亏损年度，企业自开始生产经营的年度，为开始计算企业损益的年度。企业从事生产经营之前进行筹办活动期间发生筹办费用支出，不得计算为当期的亏损，企业可以在开始经营之日的当年一次性扣除，也可以按照新税法有关长期待摊费用的处理规定处理，但一经选定，不得改变。

（3）税务机关对企业以前年度纳税情况进行检查时调增的应纳税所得额，凡企业以前年度发生亏损且该亏损属于《企业所得税法》规定允许弥补的，应允许调增的应纳税所得额弥补该亏损。弥补该亏损后仍有余额的，按照《企业所得税法》规定计算缴纳企业所得税。对检查调增的应纳税所得额应根据其情节，依照《税收征收管理法》的有关规定进行处理或处罚。

【例5-15】表5-3为经税务机关审定的青岛奥信电器股份有限公司2010—2016年应纳税所得额情况，企业所得税税率为25%。

表5-3　　　　　　青岛奥信电器股份有限公司2010—2016年应纳税所得额　　　　单位：万元

年度	2010	2011	2012	2013	2014	2015	2016
应纳税所得额	-100	10	-20	30	20	30	60

要求：计算该公司7年间应缴纳的企业所得税。

【解析】

2010年亏损，所以不交税。

2011年虽然盈利10万元，但要弥补2010年的亏损，所以不交税。

2012年亏损，不交税。

2013年虽然盈利30万元，但是2010年的亏损还有90万元（100-10），要弥补2010年的亏损，所以不交税。

2014年虽然盈利20万元，但是2010年的亏损还有60万元（100-10-30），要弥补

2010年的亏损，所以不交税。

2015年虽然盈利30万元，但是2010年的亏损还有40万元（100−10−30−20），要弥补2010年的亏损，所以不交税。

2016年盈利60万元，虽然2010年的亏损还有10万元（100−10−30−20−30），但是已经过了5年所以不再弥补2010年的亏损，需要弥补2012年的亏损20万元后再交税，应纳税额为10万元（（60−20）×25%）。

7. 资产的税务处理

资产的税务处理是指《企业所得税法》对各项资产如何在税前计提折旧、摊销和扣除。税法规定，纳入税务处理范围的资产形式主要有固定资产、生物资产、无形资产、长期待摊费用、投资资产、存货等，均以历史成本为计税基础。

企业持有各项资产期间资产增值或者减值，除国务院财政、税务主管部门规定可以确认损益外，不得调整该资产的计税基础。

7.1　固定资产的税务处理

7.1.1　固定资产计税基础

（1）外购的固定资产，以购买价款和支付的相关税费以及直接归属于使该资产达到预定用途发生的其他支出为计税基础。

（2）自行建造的固定资产，以竣工结算前发生的支出为计税基础。

（3）融资租入的固定资产，以租赁合同约定的付款总额和承租人在签订租赁合同过程中发生的相关费用为计税基础，租赁合同未约定付款总额的，以该资产的公允价值和承租人在签订租赁合同过程中发生的相关费用为计税基础。

（4）盘盈的固定资产，以同类固定资产的重置完全价值为计税基础。

（5）通过捐赠、投资、非货币性资产交换、债务重组等方式取得的固定资产，以该资产的公允价值和支付的相关税费为计税基础。

（6）改建的固定资产，除已足额提取折旧的固定资产和租入的固定资产的改建支出以外，以改建过程中发生的改建支出增加计税基础。

7.1.2　固定资产折旧的计提方法

（1）企业应当自固定资产投入使用月份的次月起计算折旧；停止使用的固定资产，应当自停止使用月份的次月起停止计提折旧。

（2）企业应当根据固定资产的性质和使用情况，合理确定固定资产的预计净残值。固定资产的预计净残值一经确定，不得变更。

（3）固定资产按照直线法计算的折旧，准予扣除，符合税法规定的可以采用加速折旧。

7.1.3　固定资产折旧的计提年限

除国务院财政、税务主管部门另有规定外，固定资产计算折旧的最低年限如下：

（1）房屋、建筑物，为20年。

（2）飞机、火车、轮船、机器、机械和其他生产设备，为10年。

（3）与生产经营活动有关的器具、工具、家具等，为5年。

（4）飞机、火车、轮船以外的运输工具，为4年。

（5）电子设备，为3年。

　　从事开采石油、天然气等矿产资源的企业，在开始商业性生产前发生的费用和有关固定资产的折耗、折旧方法，由国务院财政、税务主管部门另行规定。

　　7.2　生物资产的税务处理

　　生物资产是指有生命的动物和植物。生物资产分为消耗性生物资产、生产性生物资产和公益性生物资产。

　　7.2.1　生物资产的计税基础

　　生产性生物资产按照以下方法确定计税基础：

　　（1）外购的生产性生物资产，以购买价款和支付的相关税费为计税基础。

　　（2）通过捐赠、投资、非货币性资产交换、债务重组等方式取得的生产性生物资产，以该资产的公允价值和支付的相关税费为计税基础。

　　7.2.2　生物资产的折旧方法和折旧年限

　　生产性生物资产按照直线法计算的折旧，准予扣除。企业应当自生产性生物资产投入使用月份的次月起计算折旧；停止使用的生产性生物资产，应当自停止使用月份的次月起停止计算折旧。

　　企业应当根据生产性生物资产的性质和使用情况，合理确定生产性生物资产的预计净残值。生产性生物资产的预计净残值一经确定，不得变更。

　　生产性生物资产计算折旧的最低年限如下：

　　（1）林木类生产性生物资产，为10年。

　　（2）畜类生产性生物资产，为3年。

　　7.3　无形资产的税务处理

　　无形资产，是指企业长期使用但没有实物形态的资产，包括专利权、商标权、著作权、土地使用权、非专利技术等。

　　7.3.1　无形资产的计税基础

　　（1）外购的无形资产，以购买价款和支付的相关税费以及直接归属于使该资产达到预定用途发生的其他支出为计税基础。

　　（2）自行开发的无形资产，以开发过程中该资产符合资本化条件后至达到预定用途前发生的支出为计税基础。

　　（3）通过捐赠、投资、非货币性资产交换、债务重组等方式取得的无形资产，以该资产的公允价值和支付的相关税费为计税基础。

　　7.3.2　无形资产的摊销方法及年限

　　无形资产采取直线法进行摊销。无形资产的摊销年限不得低于10年。

　　作为投资或者受让的无形资产，有关法律规定或者合同约定了使用年限的，可以按照规定或者约定的使用年限分期摊销。

　　7.4　长期待摊费用的税务处理

　　长期待摊费用，是指企业发生的应在1个年度以上或者几个年度进行摊销的费用。在计算应纳税所得额时，企业发生的下列支出作为长期待摊费用，按照规定摊销的，准予扣除。

　　（1）已足额提取折旧的固定资产的改建支出，按照固定资产预计尚可使用年限分期摊销。

（2）租入固定资产的改建支出，按照合同约定的剩余租赁期限分期摊销。

（3）固定资产的大修理支出，按照固定资产尚可使用年限分期摊销。

（4）其他应当作为长期待摊费用的支出，自支出发生月份的次月起，分期摊销，摊销年限不得低于3年。

7.5　存货的税务处理

存货，是指企业持有以备出售的产品或者商品、处在生产过程中的在产品、在生产或者提供劳务过程中耗用的材料和物料等。

7.5.1　存货的计税基础

（1）通过支付现金方式取得的存货，以购买价款和支付的相关税费为成本。

（2）通过支付现金以外的方式取得的存货，以该存货的公允价值和支付的相关税费为成本。

（3）生产性生物资产收获的农产品，以产出或者采收过程中发生的材料费、人工费和分摊的间接费用等必要支出为成本。

7.5.2　存货的成本计算方法

企业存货的成本计算方法，可以在先进先出法、加权平均法、个别计价法中选用一种。计价方法一经选用，不得随意变更。

7.6　投资资产的税务处理

7.6.1　投资资产的计税基础

（1）通过支付现金方式取得的投资资产，以购买价款作为成本。

（2）通过支付现金以外的方式取得的投资资产，以该资产的公允价值和支付的相关税费作为成本。

7.6.2　投资资产成本的扣除方法

（1）企业对外投资期间，投资资产的成本在计算应纳税所得额时不得扣除。

（2）企业在转让或者处置投资资产时，投资资产的成本准予扣除。

7.7　税法规定与会计规定差异的处理

税法规定与会计规定差异的处理，是指企业在财务会计核算中与税法规定不一致的，应当依照税法规定予以调整，即企业在平时进行会计核算时，可以按会计制度的有关规定进行账务处理，但在申报纳税时，对税法规定和会计制度规定有差异的，要按税法规定进行纳税调整。

8.税收优惠

税收优惠，是指国家对某一部分特定企业和课税对象给予减轻或免除税收负担的一种措施。企业如果从事国家限制和禁止发展的项目，不得享受企业所得税优惠。税法规定的企业所得税的税收优惠方式包括免税、减税、加计扣除、加速折旧、减计收入、税额抵免等。常见的税收优惠政策具体规定如下：

8.1　免征与减征优惠

8.1.1　免征企业所得税

企业从事下列项目的所得，免征企业所得税：

（1）蔬菜、谷物、薯类、油料、豆类、棉花、麻类、糖料、水果、坚果的种植。

（2）农作物新品种的选育。

（3）中药材的种植。

（4）林木的培育和种植。

（5）畜牧、家禽的饲养。

（6）林产品的采集。

（7）灌溉、农产品初加工、兽医、农技推广、农机作业和维修等农、林、牧、渔服务业项目。

（8）远洋捕捞。

8.1.2 减半征收企业所得税

企业从事下列项目的所得，减半征收企业所得税：

（1）花卉、茶以及其他饮料作物和香料作物的种植。

（2）海水养殖、内陆养殖。

8.1.3 从事国家重点扶持的公共基础设施项目投资经营的所得

企业从事国家重点扶持的公共基础设施项目的投资经营的所得，自项目取得第一笔生产经营收入所属纳税年度起，第1年至第3年免征企业所得税，第4年至第6年减半征收企业所得税。

8.1.4 从事符合条件的环境保护、节能节水项目的所得

符合条件的环境保护、节能节水项目的所得，自项目取得第一笔生产经营收入所属纳税年度起，第1年至第3年免征企业所得税，第4年至第6年减半征收企业所得税。

8.1.5 符合条件的技术转让所得

符合条件的技术转让所得免征、减征企业所得税是指在一个纳税年度内，居民企业转让技术所有权所得不超过500万元的部分，免征企业所得税；超过500万元的部分，减半征收企业所得税。

8.1.6 西部地区的减免税

对设在西部地区以《西部地区鼓励类产业目录》中新增鼓励类产业项目为主营业务，且其当年主营业务收入占企业收入总额70%以上的企业，自2014年10月1日起，可减按15%的税率征收企业所得税。

8.2 高新技术企业优惠

国家需要重点扶持的高新技术企业减按15%的税率征收企业所得税。

8.3 小型微利企业优惠

符合条件的小型微利企业，减按20%的税率征收企业所得税。

为进一步支持小型微利企业的发展，经国务院批准，自2015年1月1日起至2017年12月31日止，对年应纳税所得额低于20万元（含20万元）的小型微利企业，自2015年10月1日起至2017年12月31日止，对年应纳税所得额在20万元～30万元（含30万元）之间的小型微利企业，其所得减按50%计入应纳税所得额，按20%的税率缴纳企业所得税。

2017年4月19日召开的国务院常务会议决定，自2017年1月1日起至2019年12月31日止，将小型微利企业年应纳税所得额上限由30万元提高到50万元，符合这一条件的小型微利企业所得减半计算应纳税所得额，并按20%优惠税率缴纳企业所得税。

8.4 加计扣除优惠

8.4.1 研究开发费

研究开发费，是指企业为开发新技术、新产品、新工艺发生的研究开发费用，未形成无形资产计入当期损益的，在按照规定据实扣除的基础上，按照研究开发费用的50%加计扣除；形成无形资产的，按照无形资产成本的150%摊销。

2017年4月19日召开的国务院常务会议决定，自2017年1月1日到2019年12月31日，将科技型中小企业开发新技术、新产品、新工艺实际发生的研发费用在企业所得税税前加计扣除的比例，由50%提高至75%。

【例5-16】青岛奥信电器股份有限公司2016年的利润总额为600万元，所得税税率为25%。本年度的管理费用为500万元，其中含研究新产品的开发费用40万元（未形成无形资产），除此之外再无其他纳税调整项目。

要求：计算该公司可扣除的研究开发费。

【解析】

按照税法规定：研究开发费，未形成无形资产计入当期损益的，在按照规定据实扣除的基础上，按照研究开发费用的50%加计扣除。

研究开发费的加计扣除额=40×50%=20（万元）

企业可以在利润总额已经扣除40万元的基础上，在计算应纳税所得额时再扣除20万元，即应纳税所得额为580万元（600-20）。

8.4.2 企业安置残疾人员所支付的工资

企业安置残疾人员所支付工资费用的加计扣除，是指企业安置残疾人员的，在按照支付给残疾职工工资据实扣除的基础上，按照支付给残疾职工工资的100%加计扣除。

企业安置国家鼓励安置的其他就业人员所支付的工资的加计扣除办法，由国务院另行规定。

8.5 创投企业优惠

创投企业优惠，是指创业投资企业采取股权投资方式投资于未上市的中小高新技术企业2年以上的，可以按照其投资额的70%在股权持有满2年的当年抵扣该创业投资企业的应纳税所得额；当年不足抵扣的，可以在以后纳税年度结转抵扣。

2017年4月19日召开的国务院常务会议决定，在京津冀、上海、广东、安徽、四川、武汉、西安、沈阳8个全面创新改革试验地区和苏州工业园区开展试点，从2017年1月1日起，对创投企业投资种子期、初创期科技型企业的，可享受按投资额70%抵扣应纳税所得额的优惠政策；自2017年7月1日起，将享受这一优惠政策的投资主体由公司制和合伙制创投企业的法人合伙人扩大到个人投资者。政策生效前2年内发生的投资也可享受前述优惠。

【例5-17】青岛奥信电器股份有限公司2015年1月1日向某企业（未上市的中小高新技术企业）投资200万元，股权持有到2016年12月31日。

要求：青岛奥信电器股份有限公司2016年度可抵扣的应纳税所得额是多少？

【解析】

2016年度该企业可抵扣的应纳税所得额=200×70%=140（万元）

8.6 加速折旧优惠

企业的固定资产由于技术进步等原因，确需加速折旧的，可以缩短折旧年限或者采取加速折旧的方法。可采用加速折旧方法的固定资产是指：

（1）由于技术进步，产品更新换代较快的固定资产。

（2）常年处于强震动、高腐蚀状态的固定资产。

采取缩短折旧年限方法的，最低折旧年限不得低于规定折旧年限的60%；采取加速折旧方法的，可以采取双倍余额递减法或者年数总和法。

企业在2014年1月1日后购进并专门用于研发活动的仪器、设备、单位价值不超过100万元的，可以一次性在计算应纳税所得额时扣除；单位价值超过100万元的，允许按照不低于《企业所得税法》规定折旧年限的60%缩短折旧年限，或选择双倍余额递减法或者年数总和法进行加速折旧。

企业在2013年12月31日后持有的固定资产，单位价值不超过5 000元的，可以一次性在计算应纳税所得额时扣除；企业在2013年12月31日前持有的单位价值不超过5 000元的固定资产，其折余价值部分，2014年1月1日以后可以一次性在计算应纳税所得额时扣除。

8.7 减计收入优惠

企业以《资源综合利用企业所得税优惠目录》规定的资源作为主要原材料，生产国家非限制和禁止并符合国家和行业相关标准的产品取得的收入，在计算应纳税所得额时，减按90%计入收入总额。

8.8 税额抵免优惠

企业购置并实际使用《环境保护专用设备企业所得税优惠目录》、《节能节水专用设备企业所得税优惠目录》和《安全生产专用设备企业所得税优惠目录》规定的环境保护、节能节水、安全生产等专用设备的，该专用设备的投资额的10%可以从企业当年的应纳税额中抵免；当年不足抵免的，可以在以后5个纳税年度结转抵免。

企业购置上述专用设备在5年内转让、出租的，应当停止享受企业所得税优惠，并补缴已经抵免的企业所得税税款。

8.9 民族自治地方的优惠

民族自治地方的自治机关对本民族自治地方的企业应缴纳的企业所得税中属于地方分享的部分，可以决定减征或者免征。自治州、自治县决定减征或者免征的，须报省、自治区、直辖市人民政府批准。

对民族自治地方内国家限制和禁止行业的企业，不得减征或者免征企业所得税。

8.10 非居民企业的优惠

非居民企业减按10%的税率征收企业所得税。

这里的非居民企业，是指在中国境内未设立机构、场所的，或者虽设立机构、场所但取得的所得与其所设机构、场所没有实际联系的企业。

9.应纳税额的确定

9.1 居民企业应纳税额的确定

居民企业企业所得税应纳税额的确定方法有两种：一是查账征收；二是核定征收。

9.1.1　居民企业采用查账征收方法计算应纳税额

居民企业应缴纳所得税额的基本计算公式为：

应纳税额＝应纳税所得额×适用税率−减免税额−抵免税额

根据计算公式可以看出，应纳税额的多少，取决于应纳税所得额和适用税率两个因素。在实际工作中，应纳税所得额的计算一般有两种方法：

（1）直接计算法。

在直接计算法下，企业每一纳税年度的收入总额减除不征税收入、免税收入、各项扣除以及允许弥补的以前年度亏损后的余额为应纳税所得额。其计算公式为：

应纳税所得额＝收入总额−不征税收入−免税收入−各项扣除金额−允许弥补的以前年度亏损

（2）间接计算法。

间接计算法是在会计利润总额的基础上加或减按照税法规定调整的项目金额后，即为应纳税所得额。其计算公式为：

应纳税所得额＝会计利润总额±纳税调整项目金额

纳税调整项目包括两方面的内容：

一是调减的项目，税法规定免征或减征的收入，如果有可以弥补的亏损也要调减。

二是调增的项目，按税法规定不允许扣除或超过扣除标准的费用。

【例5-18】青岛奥信电器股份有限公司2016年实现利润总额500万元，企业所得税税率为25%。发生相关的经营业务如下：

①取得产品销售收入4 000万元，取得国库券利息收入20万元。

②发生销售费用770万元（其中广告费650万元）；管理费用480万元（其中业务招待费25万元）。

③发生财务费用60万元（其中向银行借款1 000万元，年利率4%；向其他企业借款400万元，年利率5%）。

④税金及附加160万元。

⑤营业外支出50万元（含通过公益性社会团体向贫困山区捐款30万元，支付税收滞纳金6万元）。

⑥计入成本、费用中的工资薪金总额200万元，拨缴职工工会经费5万元、发生职工福利费31万元、发生职工教育经费7万元。

要求：采用间接法计算该企业2016年度实际应缴纳的企业所得税。

【解析】

①国库券利息收入免税，应调减20万元。

②广告费：

税法规定广告费不超过营业收入15%的部分准予扣除。

4 000×15%＝600（万元）

650−600＝50（万元）

50万元属于税法不允许扣除的费用，应该调增。

③业务招待费：

税法规定业务招待费按照发生额的60%扣除，但不应超过营业收入的5‰。

25×60%＝15（万元）

4 000×5‰=20（万元）

20万元>15万元，所以税法允许扣除15万元，应该调增10万元（25-15）。

④借款利息：

税法规定非金融企业向非金融企业借款，按照同期银行贷款利率计算的利息费用准予扣除。

1 000×4%=40（万元）

40万元准予扣除。

400×4%=16（万元）

16万元准予扣除。

400×5%=20（万元）

20万元>16万元，应该调增4万元（20-16）。

⑤公益性捐赠：

税法规定公益性捐赠支出不超过年度利润总额12%的部分准予扣除。

500×12%=60（万元）

30万元<60万元，因而发生的捐赠支出准予全部扣除。

⑥税收滞纳金属于税法不允许扣除的项目，因而调增6万元。

⑦职工福利费、工会经费、职工教育经费分别按照工资、薪金总额的14%、2%、2.5%扣除。

职工福利费应调增所得额=31-200×14%=3（万元）

工会经费应调增所得额=5-200×2%=1（万元）

职工教育经费应调增所得额=7-200×2.5%=2（万元）

应纳税所得额=500-20+50+10+4+6+3+1+2=556（万元）

2016年应缴纳的企业所得税=556×25%=139（万元）

【例5-19】青岛奥信电器股份有限公司2016年度发生的经营业务如下：

全年取得产品销售收入5 000万元，发生产品销售成本3 000万元；其他业务收入600万元，其他业务成本700万元；取得购买国债的利息收入40万元；缴纳税金及附加300万元；发生管理费用800万元（其中研究开发费60万元，业务招待费80万元）；发生财务费用100万元；取得直接投资其他居民企业的权益性投资收益60万元（已在投资方所在地按25%的税率缴纳了企业所得税）；取得营业外收入100万元，发生营业外支出400万元（其中含公益捐赠40万元）。

要求：采用间接法计算该企业2016年应缴纳的企业所得税。

【解析】

利润总额=5 000-3 000+600-700+40-300-800-100+60+100-400=500（万元）

国债利息收入免征企业所得税，应调减应纳税所得额40万元。

研究开发费调减应纳税所得额=60×50%=30（万元）

业务招待费的60%为48万元（80×60%）；营业收入的5‰为28万元（（5 000+600）×5‰）。按照规定税前扣除限额应为28万元，应调增应纳税所得额52万元（80-28）。

取得直接投资其他居民企业的权益性收益属于免收收入，应调减应纳税所得额60万元。

捐赠扣除标准=500×12%=60（万元）

实际捐赠额40万元小于扣除标准60万元，可按实捐数扣除，不做纳税调整。

应纳税所得额=500-40-30+52-60=422（万元）

该企业2016年应缴纳的企业所得税=422×25%=105.5（万元）

（3）境外所得抵扣税额的计算。

企业取得的下列所得已在境外缴纳的所得税税额，可以从其当期应纳税额中抵免，抵免限额为该项所得依照企业所得税法规定计算的应纳税额；超过抵免限额的部分，可以在以后5个年度内，用每年度抵免限额抵免当年应抵税额后的余额进行抵补：

①居民企业来源于中国境外的应税所得。

②非居民企业在中国境内设立机构、场所，取得发生在中国境外但与该机构、场所有实际联系的应税所得。

前述5个年度，是指从企业取得的来源于中国境外的所得，已经在中国境外缴纳的企业所得税性质的税额超过抵免限额的当年的次年起连续5个纳税年度。

居民企业从其直接或者间接控制的外国企业分得的来源于中国境外的股息、红利等权益性投资收益，外国企业在境外实际缴纳的所得税税额中属于该项所得负担的部分，可以作为该居民企业的可抵免境外所得税税额，在《企业所得税法》规定的抵免限额内抵免。

已在境外缴纳的所得税税额，是指企业来源于中国境外的所得依照中国境外税收法律以及相关规定应当缴纳并已经实际缴纳的企业所得税性质的税款。企业依照《企业所得税法》的规定抵免企业所得税税额时，应当提供中国境外税务机关出具的税款所属年度的有关纳税凭证。

抵免限额，是指企业来源于中国境外的所得，依照《企业所得税法》及其实施条例的规定计算的应纳税额。除国务院财政、税务主管部门另有规定外，该抵免限额应当分国（地区）不分项计算，计算公式为：

$$抵免限额 = 中国境内、境外所得依照《企业所得税法》及其实施条例规定计算的应纳税额总额 × \frac{来源于某国（地区）的应纳税所得额}{中国境内、境外应纳税所得总额}$$

【例5-20】青岛奥信电器股份有限公司2016年度境内应纳税所得额为100万元，适用25%的企业所得税税率。另外，该企业分别在甲、乙两国设有分支机构（我国与甲、乙两国已经缔结避免双重征税协定）。在甲国的分支机构的应纳税所得额为50万元，甲国企业所得税税率为20%；在乙国的分支机构的应纳税所得额为30万元，乙国企业所得税税率为30%。假设该企业在甲、乙两国所得按我国税法计算的应纳税所得额和按甲、乙两国税法计算的应纳税所得额一致，两个分支机构在甲、乙两国分别缴纳了10万元和9万元的企业所得税。

要求：计算该企业汇总时在我国应缴纳的企业所得税是多少。

【解析】

①该企业按我国税法计算的境内、外所得的应纳税额：

应纳税额=（100+50+30）×25%=45（万元）

②甲、乙两国的扣除限额：

甲国扣除限额=45×［50÷（100+50+30）］=12.5（万元）

乙国扣除限额=45×［30÷（100+50+30）］=7.5（万元）

在甲国缴纳的企业所得税为10万元，低于扣除限额12.5万元，可全额扣除。

在乙国缴纳的企业所得税为9万元，高于扣除限额7.5万元，其超过扣除限额的部分1.5万元当年不能扣除。

汇总时在我国应缴纳的企业所得税=45-10-7.5=27.5（万元）

9.1.2 居民企业采用核定征收方法确定应纳税额

为了加强企业所得税征收管理，规范核定征收企业所得税工作，保障国家税款及时足额入库，维护纳税人合法权益，核定征收企业所得税的有关规定如下：

9.1.2.1 核定征收企业所得税的范围

核定征收办法适用于居民企业纳税人，纳税人具有下列情形之一的，核定征收企业所得税：

（1）依照法律、行政法规的规定可以不设置账簿的。

（2）依照法律、行政法规的规定应当设置但未设置账簿的。

（3）擅自销毁账簿或者拒不提供纳税资料的。

（4）虽设置账簿，但账目混乱或者成本资料、收入凭证、费用凭证残缺不全，难以查账的。

（5）发生纳税义务，未按照规定的期限办理纳税申报，经税务机关责令限期申报，逾期仍不申报的。

（6）申报的计税依据明显偏低，又无正当理由的。

9.1.2.2 核定征收的办法

税务机关应根据纳税人的具体情况，对核定征收企业所得税的纳税人，核定应税所得率或者核定应纳所得税额。

（1）核定应税所得率。

应纳所得税额=应纳税所得额×适用税率

应纳税所得额=应税收入额×应税所得率

企业所得税应税所得率见表5-4。

表5-4   **企业所得税应税所得率**

行　业	应税所得率（%）
农、林、牧、渔业	3～10
制造业	5～15
批发和零售贸易业	4～15
交通运输业	7～15
建筑业	8～20
饮食业	8～25
娱乐业	15～30
其他行业	10～30

（2）核定应纳所得税额。

核定应纳所得税额采用的方法如下：

①参照当地同类行业或者类似行业中经营规模和收入水平相近的纳税人的税负水平核定。

②按照应税收入额或成本费用支出额定率核定。

③按照耗用的原材料、燃料、动力等推算或测算核定。

④按照其他合理方法核定。

如果采用一种方法不足以正确核定应纳税所得额或应纳税额的，可以同时采用两种以上的方法核定。采用两种以上方法测算的应纳税额不一致时，可从高核定。

9.2　非居民企业应纳税额的确定

9.2.1　非居民企业采用查账征收的方法计算应纳税额

对于在中国境内未设立机构、场所的，或者虽设立机构、场所但取得的所得与其所设机构、场所没有实际联系的非居民企业的所得，按照下列方法计算应纳税所得额：

（1）股息、红利等权益性投资收益和利息、租金、特许权使用费所得，以收入全额为应纳税所得额。

（2）转让财产所得，以收入全额减除财产净值后的余额为应纳税所得额。

（3）其他所得，参照前两项规定的方法计算应纳税所得额。

财产净值是指财产的计税基础减除已经按照规定扣除的折旧、折耗、摊销、准备金等后的余额。

9.2.2　非居民企业采用核定征收办法确定应纳税额

非居民企业因会计账簿不健全，资料残缺难以查账，或者其他原因不能准确计算并据实申报其应纳税所得额的，税务机关有权采取以下方式核定其应纳税所得额。

（1）按收入总额核定应纳税所得额。

（2）按成本费用核定应纳税所得额。

（3）按经费支出换算收入核定应纳税所得额。

税务机关发现非居民企业采用核定征收方式计算申报的应纳税所得额不真实，或者明显与其承担的功能风险不相匹配的，有权予以调整。

10.特别纳税调整

10.1　调整范围

特别纳税调整的范围，是指企业与其关联方之间的业务往来，不符合独立交易原则而减少企业或者关联方应纳税收入或者所得额的，税务机关有权按照合理方法调整。

企业与其关联方共同开发、受让无形资产，或者共同提供、接受劳务发生的成本，在计算应纳税所得额时应当按照独立交易原则进行分摊。

10.2　调整方法

税法规定对关联企业所得不实的，调整方法如下：

（1）可比非受控价格法。可比非受控价格法是指按照没有关联关系的交易各方进行相同或者类似业务往来的价格进行定价的方法。

（2）再销售价格法。再销售价格法是指按照从关联方购进商品再销售给没有关联关系的交易方的价格，减除相同或者类似业务的销售毛利进行定价的方法。

（3）成本加成法。成本加成法是指按照成本加合理的费用和利润进行定价的方法。

（4）交易净利润法。交易净利润法是指按照没有关联关系的交易各方进行相同或者类似业务往来取得的净利润水平确定利润的方法。

（5）利润分割法。利润分割法是指企业与其关联方的合并利润或者亏损在各方之间采用合理标准进行分配的方法。

（6）其他符合独立交易原则的方法。

10.3 核定征收

企业不提供与其关联方之间业务往来的资料，或者提供虚假、不完整的资料，未能真实反映其关联业务往来情况的，税务机关有权依法核定其应纳税所得额。核定方法有：

（1）参照同类或者类似企业的利润率水平核定。

（2）按照企业成本加合理的费用和利润的方法核定。

（3）按照关联企业集团整体利润的合理比例核定。

（4）按照其他合理方法核定。

企业对税务机关按照上述规定的方法核定的应纳税所得额有异议的，应当提供相关证据，经税务机关认定后，调整核定的应纳税所得额。

10.4 补征税款和加收利息

税务机关按照规定进行特别纳税调整后，需要补征税款的，应当补征税款，并按照国务院的规定加收利息。

税务机关按照税收法律、行政法规的规定，对企业做出特别纳税调整的，应当对补征的税款，自税款所属纳税年度的次年6月1日起至补缴税款之日止的期间，按日加收利息。加收的利息不得在计算应纳税所得额时扣除。

加收的利息，应当按照税款所属纳税年度中国人民银行公布的与补税期间同期的人民币贷款基准利率加5个百分点计算。

10.5 纳税调整的时效

企业与其关联方之间的业务往来，不符合独立交易原则，或者企业实施了其他不具有合理商业目的安排的，税务机关有权在该业务发生的纳税年度起10年内，进行纳税调整。

任务三　　申报缴纳企业所得税

情境导入

小张同学通过学习，掌握了企业所得税的计算方法，他已经能够计算所代理企业的企业所得税应纳税额了。公司的税务师告诉他在计算出应纳税额后，下一步需要进行企业所得税的纳税申报。现在他需要学习企业所得税的征收管理规定和纳税申报流程，并掌握企业所得税纳税申报表的填制方法。

1.纳税地点

1.1　居民企业的纳税地点

除税收法律、行政法规另有规定外，居民企业的纳税地点是企业登记注册地，但登记注册地在境外的，以实际管理机构所在地为纳税地点。

居民企业在中国境内设立不具有法人资格的营业机构的，应当汇总计算并缴纳企业所得税。

1.2　非居民企业的纳税地点

（1）非居民企业在中国境内设立机构、场所的，应当就其所设机构、场所取得的来源于中国境内的所得，以及发生在中国境外但与其所设机构、场所有实际联系的所得，以机构、场所所在地为纳税地点。

（2）非居民企业在中国境内设立两个或者两个以上的机构、场所的，经税务机关审核批准，可以选择由其主要机构、场所汇总缴纳企业所得税。

（3）非居民企业在中国境内未设立机构、场所的，或者虽设立机构、场所但取得的所得与其所设机构、场所没有实际联系的所得，以扣缴义务人所在地为纳税地点。

（4）除国务院另有规定外，企业之间不得合并缴纳企业所得税。

2.纳税期限

企业所得税按年计征，分月或者分季预缴，年终汇算清缴，多退少补。

企业所得税的纳税年度，自公历1月1日起至12月31日止。

企业在一个纳税年度的中间开业，或者由于合并、关闭等原因终止经营活动，使该纳税年度的实际经营期不足12个月的，应当以其实际经营期为1个纳税年度。

企业清算时，应当以清算期间作为1个纳税年度。

企业应当自月份（或季度）终了之日起15日内，向税务机关报送预缴企业所得税纳税申报表，预缴纳税。

企业应当自年度终了之日起5个月内，向税务机关报送年度企业所得税纳税申报表，并汇算清缴，结清应缴应退税款。

企业在年度中间终止经营活动的，应当自实际经营终止之日起60日内，向税务机关办理当期企业所得税汇总清缴。

3.纳税申报

企业在纳税年度内无论盈利或者亏损，都应当依照《企业所得税法》第五十四条规定的期限，向税务机关报送预缴企业所得税纳税申报表、年度企业所得税纳税申报表、财务会计报告和税务机关规定应当报送的其他有关资料。

企业在报送企业所得税纳税申报表时，应当按照规定附送财务会计报告和其他有关资料。

企业应当在办理注销登记前，就其清算所得向税务机关申报并依法缴纳企业所得税。

依照《企业所得税法》缴纳的企业所得税，以人民币计算。所得以人民币以外的货币计算的，应当折合成人民币计算并缴纳税款。

实行查账征收的企业所得税居民纳税义务人在年度汇算清缴企业所得税时，需要填报"中华人民共和国企业所得税年度纳税申报表（A类）"。除此主表以外，还需要填报"收入明细表"等附表。"中华人民共和国企业所得税年度纳税申报表（A类）"见表5-5。

表 5-5   **中华人民共和国企业所得税年度纳税申报表（A类）**

税款所属期间   年 月 日至   年 月 日

纳税人名称：

纳税人识别号：□□□□□□□□□□□□□□□□□□   金额单位：元（列至角分）

类别	行次	项 目	金 额
利润总额计算	1	一、营业收入	
	2	减：营业成本	
	3	税金及附加	
	4	销售费用	
	5	管理费用	
	6	财务费用	
	7	资产减值损失	
	8	加：公允价值变动收益	
	9	投资收益	
	10	二、营业利润	
	11	加：营业外收入	
	12	减：营业外支出	
	13	三、利润总额（10+11-12）	
应纳税所得额计算	14	加：纳税调整增加额	
	15	减：纳税调整减少额	
	16	其中：不征税收入	
	17	免税收入	
	18	减计收入	
	19	减、免税项目所得	
	20	加计扣除	
	21	抵扣应纳税所得额	
	22	加：境外应税所得弥补境内亏损	
	23	四、纳税调整后所得（13+14-15+22）	
	24	减：弥补以前年度亏损	
	25	五、应纳税所得额（23-24）	
应纳税额计算	26	税率（25%）	
	27	六、应纳所得税额（25×26）	
	28	减：减免所得税额	
	29	减：抵免所得税额	
	30	七、应纳税额（27-28-29）	
	31	加：境外所得应纳所得税额	
	32	减：境外所得抵免所得税额	
	33	八、（境内外）实际应纳所得税额（30+31-32）	
	34	减：本年累计实际已预缴的所得税额	
	35	其中：汇总纳税的总机构分摊预缴的税额	
	36	汇总纳税的总机构财政调库预缴的税额	
	37	汇总纳税的总机构所属分支机构分摊的预缴税额	
	38	合并纳税（母子体制）成员企业就地预缴比例	
	39	合并纳税企业就地预缴的所得税额	
	40	九、本年应补（退）的所得税额（33-34）	
附列资料	41	以前年度多缴的所得税额在本年抵减额	
	42	以前年度应缴未缴在本年入库所得税额	

纳税人公章：	代理申报中介机构公章：	主管税务机关受理专用章：
经办人：	经办人及执业证件号码：	受理人：
申报日期： 年 月 日	代理申报日期： 年 月 日	受理日期： 年 月 日

🖊 思考题

1.什么是企业所得税?

2.企业所得税的纳税义务人是如何规定的?

3.《企业所得税法》规定的免税收入和不征税收入有哪些?

4.《企业所得税法》规定的不得扣除的项目有哪些?

5.《企业所得税法》规定的允许扣除的项目有哪些?

6.企业所得税的纳税地点是如何规定的?

✔ 实训题

1.青岛奥信电器股份有限公司2010—2016年的盈亏情况见表5-6。请分析该企业弥补亏损的正确方法。

表5-6　　　　青岛奥信电器股份有限公司2010—2016年的盈亏情况

年度	2010	2011	2012	2013	2014	2015	2016
盈亏（万元）	-120	-50	10	30	30	40	70

2.青岛奥信电器股份有限公司是增值税一般纳税人,所得税税率为25%,2015年经税务机关确认的亏损为80万元,2016年发生的与所得税有关的业务如下:

（1）销售产品取得的不含税销售额为6 000万元。

（2）取得债券投资的利息收入为300万元,其中国债的利息收入为80万元。

（3）发生的销售成本为3 200万元。

（4）缴纳的增值税为1 200万元,城市维护建设税及教育费附加为120万元。

（5）发生的销售费用为240万元,其中广告费和业务宣传费为200万元。

（6）发生的财务费用为400万元,其中,包括向其他企业借款4 000万元支付的利息300万元,同期银行贷款的利率为6%。

（7）发生的管理费用为160万元,其中用于新产品、新工艺的研制而发生的研发费用为40万元。

要求:根据以上资料计算青岛奥信电器股份有限公司2016年应缴纳的企业所得税税额。

3.青岛奥信电器股份有限公司2016年实现利润总额400万元,企业所得税税率为25%,发生的相关的业务如下:

（1）产品销售收入为2 000万元,销售材料的收入为2万元。

（2）管理费用账户中列支的业务招待费为25万元。

（3）广告费为350万元。

（4）营业外支出账户中列支了税务机关的罚款1万元,违反合约罚款2万元,向希望工程的捐款5万元,通过镇政府向有关部门捐款3万元。

（5）投资收益账户中包含的国库券利息收入为5万元,从联营单位分回的利润为16万元。

要求:根据以上资料计算青岛奥信电器股份有限公司2016年应缴纳的企业所得税税额。

项目六
个人所得税

项目导学

　　本项目的学习任务主要有个人所得税的税制构成要素、个人所得税的计算和纳税申报。通过本项目学习，要求：

　　◆熟悉个人所得税的纳税人、征税范围、税率、优惠政策、纳税地点和纳税期限等基本构成要素；

　　◆掌握个人所得税计税依据的确定和应纳税额的计算；

　　◆了解纳税申报程序。

项目描述

　　现行《中华人民共和国个人所得税法》（以下简称《个人所得税法》）规定，个人所得税是一种按属地原则纳税的税种。凡在中国境内有住所，或者无住所而在中国境内居住满一年的个人，从中国境内和境外取得的所得，以及在中国境内无住所又不居住或者无住所而在境内居住不满一年的个人，从中国境内取得的所得，均应依法缴纳个人所得税。

　　个人所得税最早于1799年在英国创立，我国的个人所得税历史可以追溯至1950年，目前世界上有140多个国家开征个人所得税。个人所得税不仅是组织财政收入的方式之一，同时对于稳定经济、缩减收入分配差距，起到了宏观调控作用。

　　个人所得税的纳税人分为居民纳税义务人和非居民纳税义务人，其中居民纳税义务人的个人所得税是本项目的重点学习内容。

项目分析

　　居民纳税义务人的个人所得税计算是本项目的重点和难点。现行《个人所得税法》列举了11项个人所得税应税所得项目，各个所得项目的税率、计税依据和征税方法都有所不同。其中，对纳税义务人的征税方法有三种：一是按年计征，如个体工商户和承包、承租经营所得；二是按月计征，如工资、薪金所得；三是按次计征，如劳务报酬所得，稿酬所得，特许权使用费所得，利息、股息、红利所得，财产租赁所得，偶然所得和其他所得等。因此，无论是从正确贯彻税法的立法精神、维护纳税义务人的合法权益方面来看，还是从避免偷税漏税、保证国家税收收入方面来看，如何准确计算并缴纳各个所得项目的应纳个人所得税都是十分重要的。

任务一　　　　认识个人所得税

情境导入

　　小张同学在税务代理公司进行毕业前的实习，按照实习进度，他在参与代理本市A电器生产企业的企业所得税申报工作期间，还要代理完成该企业个人所得税的申报与缴纳，小张同学知道企业是职工个人所得税的代扣代缴义务人，为确保工作顺利完成，他首先对个人所得税的基本知识进行了学习，了解了个人所得税的概念和个人所得税的纳税人、征税范围、税率等基本知识。

1.个人所得税的概念及特点

1.1　个人所得税的概念

个人所得税是以个人（即自然人）取得的各项应税所得为征税对象所征收的一种税。

1.2　个人所得税的特点

（1）实行分类征收。

我国现行个人所得税采用的是分类所得税制，即将纳税人取得的各种应税所得划分为若干类别，对不同类别或不同来源的所得分别规定不同的费用减除、不同的税率和不同的计算方法，并据此课征的一种个人所得税制。

（2）超额累进税率与比例税率并用。

我国现行个人所得税根据各类个人所得的不同性质和特点，将这两种形式的税率运用于个人所得税制。对工资、薪金所得，个体工商户的生产、经营所得，对企事业单位的承包、承租经营所得，采用超额累进税率。对劳务报酬、稿酬和资本利得性所得，采用比例税率。

（3）费用扣除额较宽。

我国本着费用扣除从宽、从简的原则，采用费用定额扣除和定率扣除两种方法。

（4）采取代扣代缴和自行申报两种征纳方法。

代扣代缴，是指由支付单位代扣代缴税款；自行申报，是指一些规定的个人所得项目须自行申报纳税。

@ 知识链接

个人所得税制的类型

　　目前，世界各国的个人所得税制大体分为三种类型：分类所得税制、综合所得税制和混合所得税制。其中，分类所得税制是对同一纳税人不同类别的所得，按不同的税率分别征税的一种个人所得税制。综合所得税制是将纳税人在一定期间内的各项所得综合起来，减去各项法定减免和扣除项目，对其减除后的余额综合课征的一种个人所得税制。混合所得税制是先对纳税人各项所得，按分类所得税制课征，在此基础上，再对个人全年所得超过规定数额的部分进行综合计算，使用累进税率计算的一种个人所得税制。

2.个人所得税的基本构成要素

2.1 个人所得税的纳税人

个人所得税的纳税人是指在中国境内有住所，或者无住所但在中国境内居住满1年的个人，以及在中国境内无住所又不居住或者无住所而在境内居住不满1年的个人。具体包括中国公民、个体工商户、个人独资企业、合伙企业投资者、在中国有所得的外籍人员（含无国籍人员）和中国香港、中国澳门、中国台湾同胞。

《个人所得税法》将个人所得税的纳税义务人依据住所和居住时间两个标准，分为居民纳税义务人和非居民纳税义务人。

> **想一想** 区分居民纳税义务人和非居民纳税义务人的标准是什么？

（1）居民纳税义务人

居民纳税义务人是指在中国境内有住所，或者无住所而在中国境内居住满1年的个人。所谓在中国境内有住所的个人，是指因户籍、家庭、经济利益关系，而在中国境内习惯性居住的个人。这里所说的习惯性居住，是判定纳税义务人属于居民还是非居民的一个重要依据。一个纳税人如果因学习、工作、探亲、旅游等原因而在中国境外居住的，当这些原因消除之后，必须回到中国境内居住的，则中国为该人的习惯性居住地。

> **请注意** 居民纳税义务人负有无限纳税义务。无论是来源于中国境内还是境外的全部所得，都要在中国缴纳个人所得税。

（2）非居民纳税义务人

非居民纳税义务人是指在中国境内无住所又不居住或者无住所而在境内居住不满1年的个人。

居民纳税义务人和非居民纳税义务人的区分标准和纳税义务见表6-1。

表6-1   **纳税义务人的区分标准及纳税义务**

纳税义务人	区分标准	纳税义务
居民 纳税义务人	（1）在中国境内有住所的个人 （2）在中国境内无住所，而在境内居住满1年的个人	就来源于中国境内和境外的全部所得纳税
非居民 纳税义务人	（1）在中国境内无住所又不居住的个人 （2）在中国境内无住所而在境内居住不满1年的个人	仅就来源于中国境内的所得纳税

@ 知识链接

《个人所得税法》规定的"在中国境内居住满1年"，是指在一个纳税年度内在中国境内居住365日，临时离境的，不扣减临时离境日数。"临时离境"是指在一个纳税年度内一次不超过30日或者多次累计不超过90日的离境。

2.2 个人所得税的征税范围

个人所得税的征税范围是指应该缴纳个人所得税的各项应税所得项目，根据《个人所得税法》的规定，将个人的应税所得项目列为11项：

（1）工资、薪金所得。

（2）个体工商户的生产、经营所得。

（3）对企事业单位的承包经营、承租经营所得。

（4）劳务报酬所得。

（5）稿酬所得。

（6）特许权使用费所得。

（7）利息、股息、红利所得。

（8）财产租赁所得。

（9）财产转让所得。

（10）偶然所得。

（11）经国务院财政部门确定征税的其他所得。

2.3 个人所得税的税率

我国税法对个人的各项所得具体规定了两种税率，一种是超额累进税率，另一种是比例税率，具体规定如下：

（1）工资、薪金所得，适用七级超额累进税率，税率为3%～45%。

（2）个体工商户的生产、经营所得和对企事业单位的承包经营、承租经营所得，适用5%～35%的五级超额累进税率。

（3）稿酬所得，适用比例税率，税率为20%，并按应纳税额减征30%。因此，稿酬所得实际执行税率为14%。

（4）劳务报酬所得，适用比例税率，税率为20%。对劳务报酬所得一次收入畸高的，可以实行加成征收，具体办法由国务院规定。

（5）特许权使用费所得，利息、股息、红利所得，财产租赁所得，财产转让所得，偶然所得和其他所得，适用比例税率，税率为20%。

任务二　　　　　计算个人所得税的应纳税额

情境导入

小张同学在了解个人所得税的概念和个人所得税的纳税人、征税范围、税率等基本构成要素之后，依据各应税所得项目，即工资、薪金所得，个体工商户的生产、经营所得，对企事业单位的承包经营、承租经营所得，劳务报酬所得，稿酬所得，特许权使用费所得，利息、股息、红利所得，财产租赁所得，财产转让所得，偶然所得和经国务院财政部门确定征税的其他所得，开始着手计算公司职工取得的上述所得的个人所得税，并结合具体的税收优惠政策计算应纳个人所得税额。

1.工资、薪金所得应纳个人所得税的计算

1.1 工资、薪金所得

工资、薪金所得是指个人因任职或受雇而取得的工资、薪金、奖金、年终加薪、劳动分红、津贴、补贴以及与任职或者受雇有关的其他所得。

根据我国目前个人收入的构成情况，税法规定对于一些不属于工资、薪金性质的补贴、津贴或者不属于纳税人本人工资、薪金所得项目的收入，不予征税。这些项目包括：独生子女补贴；执行公务员工资制度未纳入基本工资总额的补贴、津贴差额和家属成员的副食品补贴；托儿补助费；差旅费津贴、误餐补助。

1.2　工资、薪金所得适用税率（见表6-2）

表6-2　　　　　　　　　　　**工资、薪金所得适用个人所得税税率表**

级数	全月应纳税所得额（含税级距）	全月应纳税所得额（不含税级距）	税率（%）	速算扣除数（元）
1	不超过1 500元的部分	不超过1 455元的部分	3	0
2	超过1 500～4 500元的部分	超过1 455～4 155元的部分	10	105
3	超过4 500～9 000元的部分	超过4 155～7 755元的部分	20	555
4	超过9 000～35 000元的部分	超过7 755～27 255元的部分	25	1 005
5	超过35 000～55 000元的部分	超过27 255～41 255元的部分	30	2 755
6	超过55 000～80 000元的部分	超过41 255～57 505元的部分	35	5 505
7	超过80 000元的部分	超过57 505元的部分	45	13 505

注：（1）表中全月应纳税所得额，是指依照税法的规定，以每月收入额减除费用3 500元后的余额或者减除附加减除费用后的余额。

（2）含税级距适用于由纳税人负担税款的工资、薪金所得；不含税级距适用于由他人（单位）代付税款的工资、薪金所得。

1.3　工资、薪金所得的计税依据

工资、薪金所得的计税依据，即应纳税所得额。

应纳税所得额＝每月收入额－费用扣除标准

2011年9月1日起施行的修改后的《中华人民共和国个人所得税法》及其实施条例中规定：工资、薪金所得减除费用标准为3 500元。外籍个人工资、薪金所得在减除费用3 500元的基础上，再附加减除费用1 300元，即减除费用总额为4 800元。

@ **知识链接**

工资、薪金所得应纳个人所得税起征点的历次调整记录

1980年9月10日：《个人所得税法》获得通过，确定起征点为800元，但当时的纳税对象以在华的外国人为主。

1986年9月：对我国公民个人收入统一征收个人收入调节税，起征点为400元。

1993年10月31日：起征点调整到800元。

2005年10月27日：起征点调整到1 600元。

2007年12月23日：起征点调整到2 000元。

2011年9月1日：起征点调整到3 500元。此次个人所得税改革是自1980年《个人所得税法》实施以来第5次提高个税免征额，此次修法涉及的减税额是最大的一次。

　1.4　工资、薪金所得应纳税额的计算

　（1）一般工资、薪金所得应纳税额的计算

应纳税额＝全月应纳税所得额×适用税率－速算扣除数

【例6-1】 A电器生产企业职工王均2017年9月取得含税工资收入9 400元，当月个人承担住房公积金、基本养老保险金、医疗保险金、失业保险金等共计1 000元。

　要求：计算王均当月应纳个人所得税税额。

【解析】

①应纳税所得额＝9 400－1 000－3 500＝4 900（元）

②应纳个人所得税税额＝4 900×20%－555＝425（元）

【例6-2】 在A电器生产企业工作的美国专家（假设为非居民纳税义务人），2017年9月取得含税工资收入10 400元。

　要求：计算其当月应纳个人所得税税额。

【解析】

①应纳税所得额＝10 400－4 800＝5 600（元）

②应纳个人所得税税额＝5 600×20%－555＝565（元）

　（2）特殊规定：个人取得全年一次性奖金应纳税额的计算

全年一次性奖金是指行政机关、企事业单位等扣缴义务人根据其全年经济效益和对雇员全年工作业绩的综合考核情况，向雇员发放的一次性奖金。一次性奖金还包括年终加薪、实行年薪制和绩效工资办法的单位根据考核情况兑现的年薪和绩效工资。

个人取得全年一次性奖金应纳税额的计算方法：

步骤一，计算商数。

商数＝（当月取得全年一次性奖金－补足3 500元的差额）÷12个月

步骤二，按商数在个人所得税税率表的1～7级中，找到相对应的税率及速算扣除数。

步骤三，计算全年一次性奖金应纳税额。

应纳税额＝（当月取得全年一次性奖金－补足3 500元的差额）×适用的税率－速算扣除数

【例6-3】 A电器生产企业张华2016年12月20日取得工资收入4 400元，"三险一金"合计1 000元，当月又一次取得年终奖金24 100元。

　要求：计算张华当月应缴纳的个人所得税。

【解析】

张华当月扣除"三险一金"后的工资为3 400元（4 400－1 000）＜3 500元，可从其取得的奖金收入24 100元中拿出100元补足3 500元的差额，剩余24 000元除以12个月，得出月均收入2 000元，其对应的税率和速算扣除数分别为10%和105元。具体计算公式为：

应纳税所得额＝24 100－（3 500－3 400）＝24 000（元）

商数＝24 000÷12＝2 000

应纳个人所得税税额＝24 000×10%－105＝2 295（元）

【例6-4】 A电器生产企业专业技术人员何云，2016年12月取得工资收入5 000元，"三险一金"合计900元，同时，一次领取年度奖金48 000元，全勤奖1 200元。要求：计算何云本年12月份应缴纳的个人所得税。

> 请注意
>
> 国家对年终奖有优惠计税的特殊方法，即每人每年仅有一次机会将一笔一次性收入分摊到12个月计税。

【解析】

12月工资应纳个人所得税税额＝（5 000+1 200-900-3 500）×10%-105=75（元）

商数=48 000÷12=4 000（元）

全年奖金应纳个人所得税税额=48 000×10%-105=4 695（元）

12月份应纳个人所得税总额=75+4 695=4 770（元）

@知识链接

速算扣除数

速算扣除数，是指在采用超额累进税率征收的情况下，根据超额累进税率表中划分的应纳税所得额级距和税率，先用全额累进方法计算出税额，再减去用超额累进方法计算的应纳税额以后的差额。当超额累进税率表中的级距和税率确定以后，各级速算扣除数也固定不变，成为计算应纳税额时的常数。运用速算扣除数计算法，可以简化计算过程。

社会保险费和社会公积金

"三险一金"：三险是养老保险金、医疗保险金和失业保险金，这三项统称社会保险；一金是住房公积金。"三险一金"由用人单位和个人共同支付，定期上缴，存入以个人身份开设的保险账户和公积金账户，由相关社会职能部门统一管理，也称"四金"。

"五险一金"：除"三险一金"外，还有工伤保险金和生育保险金，这两险由单位缴纳。

2.个体工商户的生产、经营所得应纳个人所得税的计算

2.1　个体工商户的生产、经营所得

个体工商户的生产、经营所得是指：

（1）个体工商户从事工业、手工业、建筑业、交通运输业、商业、饮食业、服务业、修理业及其他行业取得的所得。

（2）个人经政府有关部门批准，取得执照，从事办学、医疗、咨询以及其他有偿服务活动取得的所得。

（3）上述个体工商户和个人取得的与生产、经营有关的各项应税所得。

（4）个人因从事彩票代销业务而取得的所得，应按照"个体工商户的生产、经营所得"项目计征个人所得税。

（5）从事个体出租车运营的出租车驾驶员取得的收入，按个体工商户的生产、经营所得项目缴纳个人所得税。

（6）个体工商户和从事生产、经营的个人，取得与生产、经营活动无关的其他各项应税所得，应分别按照其他应税项目的有关规定，计算征收个人所得税。如取得银行存款的利息所得、对外投资取得的股息所得，应按"股息、利息、红利"项目的规定单独计征个人所得税。

（7）个人独资企业、合伙企业的个人投资者以企业资金为本人、家庭成员及其相关人员支付与企业生产经营无关的消费性支出及购买汽车、住房等财产性支出，视为企业对个人投资者利润分配，并入投资者个人的生产经营所得，依照"个体工商户的生产、经营所得"项目计征个人所得税。

（8）其他个人从事个体工商业生产、经营取得的所得。

2.2　个体工商户的生产、经营所得适用税率（见表6-3）

表6-3　　　　　　　　　　**个体工商户的生产、经营所得适用税率**

级数	全年应纳税所得额（含税级距）	全年应纳税所得额（不含税级距）	税率（%）	速算扣除数（元）
1	不超过15 000元的	不超过14 250元的	5	0
2	超过15 000~30 000元的部分	超过14 250~27 750元的部分	10	750
3	超过30 000~60 000元的部分	超过27 750~51 750元的部分	20	3 750
4	超过60 000~100 000元的部分	超过51 750~79 750元的部分	30	9 750
5	超过100 000元的部分	超过79 750元的部分	35	14 750

注：（1）表中全年应纳税所得额，对个体工商户的生产、经营所得来源，是指以每一纳税年度的收入总额，减除成本、费用、相关税费以及损失后的余额；对企事业单位的承包经营、承租经营所得来源，是指以每一纳税年度的收入总额，减除必要费用后的余额。

（2）含税级距适用于个体工商户的生产、经营所得和由纳税人负担税款的承包经营、承租经营所得；不含税级距适用于由他人（单位）代付税款的承包经营、承租经营所得。

2.3　个体工商户的生产、经营所得应纳税额的计算

应纳税所得额=全年收入总额-成本、费用以及损失

应纳税额=应纳税所得额×适用税率-速算扣除数

想一想：个人独资企业、合伙企业的生产、经营所得的适用税率是怎样的？

【例6-5】个体工商户刘华经营某小型运输公司，账证比较健全，2016年取得的收入总额为250 000元，允许扣除的成本费用及相关税金共计170 000元，该年度发生货物毁损10 000元。

要求：计算该个体工商户刘华2016年度应纳的个人所得税税额。

【解析】

（1）全年应纳税所得额=250 000-170 000-10 000-3 500×12=28 000（元）

（2）全年应纳个人所得税税额=28 000×10%-750=2 050（元）

@ **知识链接**

个体工商户个人所得税计算征收的有关知识

自2011年9月1日起，个体工商户业主的费用扣除标准统一确定为42 000元/年，即3 500元/月。

个体工商户向其从业人员实际支付的合理的工资、薪金支出，允许在税前据实扣除。

个体工商户每一纳税年度发生的广告费和业务宣传费用不超过当年营业收入15%的部分，可据实扣除；超过部分，准予在以后纳税年度结转扣除。

个体工商户拨缴的工会经费、发生的职工福利费、职工教育经费支出分别在工资、薪金总额2%、14%、2.5%的标准内据实扣除。

个体工商户每一纳税年度发生的与其生产经营业务直接相关的业务招待费支出，按照发生额的60%扣除，但最高不得超过当年营业收入的5‰。

个体工商户在生产、经营期间的借款利息支出，凡有合法证明的，不高于按金融机构同类、同期贷款利率计算的数额的部分，准予扣除。

个体工商户或个人专营种植业、养殖业、饲养业、捕捞业，应对其所得计征个人所得税。兼营上述四业并且四业的所得单独核算的，对属于征收个人所得税的，应与其他行业的生产、经营所得合并计征个人所得税；对于四业的所得不能单独核算的，应就其全部所得计征个人所得税。

个体工商户和从事生产、经营的个人，取得与生产、经营活动无关的各项应税所得，应分别适用各应税项目的规定计算征收个人所得税。

3.对企事业单位的承包经营、承租经营所得应纳个人所得税的计算

3.1　对企事业单位的承包经营、承租经营所得

对企事业单位的承包经营、承租经营所得，是指个人承包经营、承租经营以及转包、转租取得的所得，包括个人按月或者按次取得的工资、薪金性质的所得。

3.2　对企事业单位的承包经营、承租经营所得税税率

对企事业单位的承包经营、承租经营所得个人所得税税率同表6-3。

3.3　对企事业单位的承包经营、承租经营所得应纳税额的计算

应纳税所得额=全年收入总额-成本、费用以及损失

应纳税额=应纳税所得额×适用税率-速算扣除数

【例6-6】张力承包经营A电器生产企业的招待所3年，时间为2016—2018年，根据承包经营协议，张力缴纳一定承包费用后其经营成果归自己所有。2016年取得的承包经营收入总额为60 000元，另外，张力每月还从单位领取工资1 200元。

要求：计算张力2016年应缴纳的个人所得税税额。

【解析】

（1）全年应纳税所得额=（60 000+1 200×12）-3 500×12=32 400（元）

（2）全年应纳个人所得税税额=32 400×20%-3 750=2 730（元）

4.劳务报酬所得应纳个人所得税的计算

4.1　劳务报酬所得

劳务报酬所得是指个人从事设计、装潢、安装、制图、化验、测试、医疗、法律、会计、咨询、讲学、新闻、广播、翻译、审稿、书画、雕刻、影视、录音、录像、演出、表演、广告、展览、技术服务、介绍服务、经纪服务、代办服务以及其他劳务取得的所得。

4.2　劳务报酬所得适用税率

劳务报酬所得适用比例税率，税率为20%。对劳务报酬所得一次收入畸高的，可以实行加成征收，具体办法由国务院规定（见表6-4）。

表6-4　　　　　　　　　**劳务报酬所得适用个人所得税税率表**

级数	每次应纳税所得额	税率（%）	速算扣除数
1	不超过20 000元的部分	20	0
2	超过20 000~50 000元的部分	30	2 000
3	超过50 000元的部分	40	7 000

注：表中每次应纳税所得额，是指每次收入额减除费用800元（每次收入额不超过4 000元时）或者减除20%的费用（每次收入额超过4 000元时）后的余额。

4.3　劳务报酬所得应纳税额的计算

（1）每次收入不足4 000元的：

应纳税额=应纳税所得额×适用税率=（每次收入额−800）×20%

（2）每次收入在4 000元以上的：

应纳税额=应纳税所得额×适用税率=每次收入额×（1−20%）×20%

（3）每次收入的应纳税所得额超过20 000元的：

应纳税额=应纳税所得额×适用税率−速算扣除数

【例6-7】某高校张教授为A电器生产企业进行电器设计获得3 000元，从事技术咨询获得10 000元。

要求：计算张教授应缴纳的个人所得税。

【解析】

（1）设计所得应纳个人所得税税额=（3 000−800）×20%=440（元）

（2）咨询所得应纳个人所得税税额=10 000×（1−20%）×20%=1 600（元）

（3）应纳个人所得税总额=440+1 600=2 040（元）

【例6-8】泰华公司工程师赵俊为A电器生产企业进行一项工程设计，按照合同规定，企业应支付赵俊劳务报酬48 000元，与其报酬相关的个人所得税由A电器生产企业代付。（不考虑其他相关税费）

要求：计算赵俊应缴纳的个人所得税。

【解析】

（1）应纳税所得额=48 000×（1−20%）=38 400（元）

（2）应纳个人所得税税额=38 400×30%−2 000=9 520（元）

5.稿酬所得应纳个人所得税的计算

5.1　稿酬所得

稿酬所得是指个人因其作品以图书、报刊形式出版、发表而取得的所得。

5.2　稿酬所得适用税率

稿酬所得适用比例税率，税率为20%，并按应纳税额减征30%。

5.3　稿酬所得应纳税额的计算

（1）每次收入不足4 000元的：

应纳税额=应纳税所得额×适用税率×（1−30%）=（每次收入额−800）×20%×（1−30%）

（2）每次收入在4 000元以上的：

应纳税额=应纳税所得额×适用税率×（1−30%）=每次收入额×（1−20%）×20%×（1−30%）

【例6-9】A电器生产企业高级工程师王工出版了一部关于电器技术的专著，一次获得稿酬5 000元。

要求：计算王工应缴纳的个人所得税。

【解析】

（1）应纳税所得额=5 000×（1−20%）=4 000（元）

（2）应纳个人所得税税额=4 000×20%×（1−30%）=560（元）

6.特许权使用费所得应纳个人所得税的计算

6.1　特许权使用费所得

特许权使用费所得，是指个人提供专利权、商标权、著作权、非专利技术以及其他特许权的使用权取得的所得。提供著作权的使用权取得的所得，不包括稿酬所得。

6.2　特许权使用费所得适用税率

适用比例税率，税率为20%。

6.3　特许权使用费所得应纳税额的计算

（1）每次收入不足4 000元的：

应纳税额=应纳税所得额×适用税率=（每次收入额−800）×20%

（2）每次收入在4 000元以上的：

应纳税额=应纳税所得额×适用税率=每次收入额×（1−20%）×20%

【例6-10】A电器生产企业高级工程师周工设计了一项电器生产技术并申请了专利，后又将该专利转让给了泰华公司，并获得转让收入20万元。

要求：计算周工应缴纳的个人所得税。

【解析】

应纳个人所得税税额=200 000×（1−20%）×20%=32 000（元）

7.利息、股息、红利所得应纳个人所得税的计算

7.1　利息、股息、红利所得

利息、股息、红利所得，是指个人拥有债权、股权而取得的利息、股息、红利所得。

7.2　利息、股息、红利所得适用税率

适用比例税率，税率为20%。

7.3　利息、股息、红利所得应纳税额的计算

应纳税额=应纳税所得额×适用税率=每次收入额×20%

> **请注意**　税法规定：对个人投资者从上市公司取得的股息、红利所得，暂减按50%计入个人应纳税所得额。

【例6-11】赵远去年在证券公司购买了ABC上市公司的股票，今年ABC公司宣布派发股利，赵远获得现金股利6 000元。

要求：计算赵远应缴纳的个人所得税。

【解析】

应纳个人所得税税额=6 000×50%×20%=600（元）

@ 知识链接

> 从2007年8月15日起，居民储蓄利息税率调为5%，自2008年10月9日起暂免征收储蓄存款利息的个人所得税。对个人出租住房取得的所得暂减按10%的税率征收个人所得税。

8.偶然所得应纳个人所得税的计算

8.1　偶然所得

偶然所得，是指个人得奖、中奖、中彩以及其他偶然性质的所得。对于购买福利彩票、福利奖券和体育彩票的中奖所得每次在1万元以下的，国家税务局规定暂免征收个人所得税。超过1万元的，应按税法规定全额征收个人所得税。纳税人通过民政部门进行捐赠，捐赠部分不超过应纳税所得额30%的部分可以从应纳税所得额中进行扣除。

8.2　偶然所得适用税率

适用比例税率，税率为20%。

8.3   偶然所得应纳税额的计算

应纳税额=应纳税所得额×适用税率=每次收入额×20%

【例6-12】 陈华在参加商场有奖销售的过程中，中奖所得共计20 000元，陈华领奖时告知商场，从中奖所得中拿出4 000元通过教育部门捐赠给某希望小学。

要求：计算商场代扣代缴陈华个人所得税后，陈华实际可得的中奖金额。

【解析】

（1）陈华的捐赠因未超过应纳税所得额的30%，可以全部从应纳税所得额中扣除。

（2）应纳税所得额=偶然所得-捐赠额=20 000-4 000=16 000（元）

（3）应纳税额=应纳税所得额×适用税率=16 000×20%=3 200（元）

（4）陈华实际可得的中奖金额=20 000-4 000-3 200=12 800（元）

9.财产租赁所得应纳个人所得税的计算

9.1   财产租赁所得

财产租赁所得，是指个人出租建筑物、土地使用权、机器设备、车船以及其他财产取得的所得。

9.2   财产租赁所得适用税率

适用比例税率，税率为20%。

> **请注意** 财产租赁所得，以一个月内取得的收入为一次。

9.3   财产租赁所得应纳税额的计算

（1）每次（月）收入不足4 000元：

应纳税额=［每次（月）收入额-准予扣除项目-修缮费用（800元为限）-800］×20%（出租住房10%）

（2）每次（月）收入在4 000元以上：

应纳税额=［每次（月）收入额-准予扣除项目-修缮费用（800元为限）］×（1-20%）×20%（出租住房10%）

@ 知识链接

在确定财产租赁的应纳税所得额时，纳税人在出租财产过程中缴纳的税金和教育费附加，可持完税凭证，从其财产租赁收入中扣除。准予扣除的项目除了规定费用和有关税费外，还准予扣除能提供有效、准确凭证，证明由纳税人负担的该出租财产实际开支的修缮费用，允许扣除的修缮费用，以每次800元为限，一次扣除不完的，准予在下一次继续扣除，直到扣完为止。

个人出租财产取得的财产租赁收入，属于个人所得税应税所得，应按财产租赁所得项目计算缴纳个人所得税。有关财产租赁所得个人所得税前扣除税费的扣除次序为：

（1）财产租赁过程中缴纳的税费。

（2）向出租方支付的租金。

（3）由纳税人负担的租赁财产实际开支的修缮费用。

（4）税法规定的费用扣除标准。

【例6-13】 刘佳于2017年1月将自有的面积为150平方米的房屋按市场价出租给张某居住。刘佳每月取得租金收入3 000元，全年租金收入36 000元。

要求：计算刘佳应缴纳的个人所得税。

【解析】

（1）每月应纳税额=（3 000-800）×10%=220（元）

（2）全年应纳税额=220×12=2 640（元）

假设当年2月份因下水道堵塞找人修理，发生费用500元，有维修部门的正式收据，则：

假设2月份发生修缮费1 000元，应纳税额应该如何计算？

（1）2月份应纳税额=（3 000-500-800）×10%=170（元）

（2）全年应纳税额=220×11+170=2 590（元）

10.财产转让所得应纳个人所得税的计算

10.1　财产转让所得

财产转让所得，是指个人转让有价证券、股权、建筑物、土地使用权、机器设备、车船以及其他财产取得的所得。目前国家对股票转让所得暂不征收个人所得税。

10.2　财产转让所得适用税率

适用比例税率，税率为20%。

10.3　财产转让所得应纳税额的计算

应纳税额=（收入总额-财产原值-合理费用）×20%

【例6-14】于倩转让自己拥有的一套住房，取得转让收入600 000元，转让时按规定支付交易费等相关税费35 000元，该住房购进时原价为360 000元，并支付相关费用50 000元。

要求：计算于倩转让住房应缴纳的个人所得税。

【解析】

（1）应纳税所得额=600 000-（360 000+50 000）-35 000=155 000（元）

（2）应纳税额=155 000×20%=31 000（元）

上述个人所得税应纳税额的计算归纳对比见表6-5。

表6-5　　　　　　　　　**个人所得税应纳税额的计算归纳对比表**

应税项目	税率	纳税期限	应纳税所得额	应纳税额
1.工资、薪金所得	七级超额累进税率	月	每月收入-3 500或4 800元	应纳税所得额×适用税率-速算扣除数
2.个体工商户的生产、经营所得	五级超额累进税率	年	全年收入-成本、费用及损失	应纳税所得额×适用税率-速算扣除数
3.对企事业单位的承租经营、承包经营所得	五级超额累进税率	年	收入总额-必要费用或者分得的经营利润+工资、薪金性质的所得-3 500元/月×12	应纳税所得额×适用税率-速算扣除数
4.劳务报酬所得	名义上为比例税率，实际上为三级超额累进税率	次	（1）每次收入≤4 000元：每次收入额-800元 （2）每次收入>4000元：每次收入额×（1-20%）	应纳税所得额×适用税率-速算扣除数
5.稿酬所得	20%比例税率，按应纳税额减征30%	次	同劳务报酬	应纳税所得额×14%
6.特许权使用费所得	20%比例税率	次	同劳务报酬	应纳税所得额×20%

应税项目	税率	纳税期限	应纳税所得额	应纳税额
7.财产租赁所得	20%比例税率	次	（1）每次收入≤4000元：应纳税所得额＝每次（月）收入额－准予扣除项目－修缮费用（800元为限）－800元 （2）每次收入>4000元：应纳税所得额＝［每次（月）收入额－准予扣除项目－修缮费用（800元为限）］×（1－20%)	应纳税所得额×20%
8.财产转让所得	20%比例税率	次	（1）一般情况下：收入总额－财产原值－合理费用 （2）受赠人转让无偿赠与的不动产：收入总额－受赠、转让住房过程中缴纳的税金及有关合理费用	应纳税所得额×20%
9.利息、股息、红利所得，偶然所得，其他所得	20%比例税率	次	每次收入额	应纳税所得额×20%

@ 知识链接

在个人所得税按次计征的情况下，如何准确划分"次"

《个人所得税法实施条例》中的规定如下：

1.劳务报酬所得，根据不同劳务项目的特点，分别规定为：

（1）只有一次性收入的，以取得该项收入为一次。例如，从事设计、安装、装潢、制图、化验、测试等劳务，往往是接受客户的委托，按照客户的要求，完成一次性劳务后取得收入。因此，属于只有一次性的收入的，应以每次提供劳务取得的收入为一次。

（2）属于同一事项连续取得收入的，以1个月内取得的收入为一次。例如，某歌手与一卡拉OK厅签约，在1年内每天到卡拉OK厅演唱一次，每次演唱后付酬50元。在计算其劳务报酬所得时，应视为同一事项的连续性收入，以其1个月内取得的收入为一次计征个人所得税，而不能以每天取得的收入为一次。

2.稿酬所得，以每次出版、发表取得的收入为一次。具体又可细分为：

（1）同一作品再版取得的所得，应视作另一次稿酬所得计征个人所得税。

（2）同一作品先在报刊上连载，再出版，或先出版，再在报刊上连载的，应视为两次稿酬所得征税，即连载作为一次，出版作为另一次。

（3）同一作品在报刊上连载取得收入的，以连载完成后取得的所有收入合并为一次，计征个人所得税。

（4）同一作品在出版和发表时，以预付稿酬或分次支付稿酬等形式取得的稿酬收入，应合并计算为一次。

（5）同一作品出版、发表后，因添加印数而追加稿酬的，应与以前出版、发表时取得的稿酬合并计算为一次，计征个人所得税。

3.特许权使用费所得，以某项使用权的一次转让所取得的收入为一次。一个纳税义务人，可能不仅拥有一项特许权利，每一项特许权的使用权也可能不止一次地向他人提供。因此，对特许权使用费所得的"次"的界定，明确为每一项使用权的每次转让所取得的收入为一次。

4.财产租赁所得，以1个月内取得的收入为一次。

5.利息、股息、红利所得，以支付利息、股息、红利时取得的收入为一次。

6.偶然所得，以每次收入为一次。

7.其他所得，以每次收入为一次。

11.个人所得税的优惠政策

《个人所得税法》及其实施条例以及财政部、国家税务总局的若干规定等，都对个人所得项目给予了减税免税的优惠。主要包括以下内容：

11.1 免税、暂免税项目

（1）省级人民政府、国务院部委和中国人民解放军军以上单位，以及外国组织颁发的科学、教育、技术、文化、卫生、体育、环境保护等方面的奖金。

（2）国债和国家发行的金融债券利息。这里所说的国债利息，是指个人持有中华人民共和国财政部发行的债券而取得的利息所得；所说的国家发行的金融债券利息，是指个人持有经国务院批准发行的金融债券而取得的利息所得。

（3）按照国家统一规定发给的补贴、津贴。这里所说的按照国家统一规定发给的补贴、津贴，是指按照国务院规定发给的政府特殊津贴和国务院规定免纳个人所得税的补贴、津贴。发给中国科学院资深院士和中国工程院资深院士每人每年1万元的资深院士津贴免予征收个人所得税。

（4）福利费、抚恤金、救济金。这里所说的福利费，是指根据国家有关规定，从企业、事业单位、国家机关、社会团体提留的福利费或者工会经费中支付给个人的生活补助费；所说的救济金，是指国家民政部门支付给个人的生活困难补助费。

（5）保险赔款。

（6）军人的转业费、复员费。

（7）按照国家统一规定发给干部、职工的安家费、退职费、退休工资、离休工资、离休生活补助费。

（8）依照我国有关法律规定应予免税的各国驻华使馆、领事馆的外交代表、领事官员和其他人员的所得。

（9）企业和个人按照省级以上人民政府规定的比例提取并缴付的住房公积金、医疗保险金、基本养老保险金、失业保险金，不计入个人当期的工资、薪金收入，免予征收个人所得税。超过规定的比例缴付的部分计征个人所得税。个人领取原提存的住房公积金、医疗保险金、基本养老保险金时，免予征收个人所得税。

（10）对个人取得的教育储蓄存款利息所得以及国务院财政部门确定的其他专项储蓄存款或者储蓄性专项基金存款的利息所得，免征个人所得税。

（11）个人转让自用达5年以上并且是唯一的家庭生活用房取得的所得。

（12）对被拆迁人按照国家有关城镇房屋拆迁管理办法规定的标准所取得的拆迁补偿款，免征个人所得税。

（13）对按《国务院关于高级专家离休退休若干问题的暂行规定》和《国务院办公厅关于杰出高级专家暂缓离退休审批问题的通知》精神，达到离休、退休年龄，但确因工作需要，适当延长离休、退休年龄的高级专家，其在延长离休、退休期间的工资、薪金所得，视同退休工资、离休工资免征个人所得税。

> 请注意　延长离休、退休年龄的高级专家是指：①享受国家发放的政府特殊津贴的专家、学者；②中国科学院、中国工程院院士。

（14）自2006年6月1日起，对保险营销员佣金中的展业成本，免征个人所得税；保险营销员的佣金由展业成本和劳务报酬构成，所谓"展业成本"即营销费。根据目前保险营销员展业的实际情况，佣金中展业成本的比例暂定为40%。

（15）其他经国务院财政部门批准免税的所得。

11.2　减税项目

（1）残疾、孤老人员和烈属的所得。

（2）因严重自然灾害造成重大损失的。

（3）其他经国务院财政部门批准减税的。

> 想一想　①对学生参加实习取得的所得是否征收个人所得税？
> ②在校学生勤工俭学取得的收入是否缴纳个人所得税？

另外，税法还规定：

（1）《个人所得税法实施条例》规定："在中国境内无住所，但是居住1年以上5年以下的个人，其来源于中国境外的所得，经主管税务机关批准，可以只就由中国境内公司、企业以及其他经济组织或者个人支付的部分缴纳个人所得税；居住超过5年的个人，从第6年起，应当就其来源于中国境内外的全部所得缴纳个人所得税。"

（2）《个人所得税法实施条例》规定："在中国境内无住所，但是在一个纳税年度中在中国境内连续或者累计居住不超过90日的个人，其来源于中国境内的所得，由境外雇主支付并且不由该雇主在中国境内的机构、场所负担的部分，免予缴纳个人所得税。"

@ 知识链接

（1）对学生参加实习取得的所得是否征收个人所得税？

根据《财政部 国家税务总局关于企业支付学生实习报酬有关所得税政策问题的通知》（财税〔2006〕107号）规定："一、凡与中等职业学校和高等院校签订3年以上期限合作协议的企业，支付给学生实习期间的报酬，准予在计算缴纳企业所得税税前扣除。具体征管办法由国家税务总局另行制定。

对中等职业学校和高等院校实习生取得的符合我国个人所得税法规定的报酬，企业应代扣代缴其相应的个人所得税款。"

（2）在校学生勤工俭学取得的收入是否缴纳个人所得税？

《国家税务总局关于个人所得税若干业务问题的批复》（国税函〔2002〕146号）第四条规定："在校学生因参与勤工俭学活动（包括参与学校组织的勤工俭学活动）而取得属于个人所得税法规定的应税项目的所得，应依法缴纳个人所得税。"

任务三　　申报缴纳个人所得税

小张同学通过学习，掌握了个人所得税应纳税额的计算方法，他已经会计算所代理的电器生产企业员工应缴纳的个人所得税了。公司的税务师告诉他在计算出应纳税额后，下一步就需要进行个人所得税的纳税申报。现在他需要学习个人所得税的纳税申报流程，并掌握个人所得税纳税申报表的填制方法。

1.个人所得税的纳税方式

个人所得税的纳税方式有代扣代缴和自行纳税申报两种。

1.1　代扣代缴方式

代扣代缴，是指按照税法规定负有扣缴税款义务的单位或者个人，在向个人支付应纳税所得时，应计算应纳税额，从其所得中扣除并缴入国库，同时向税务机关报送扣缴个人所得税报告表。代扣代缴税款的手续费为所扣缴税款的2%。这种方法，有利于控制税源、防止漏税和逃税。

1.2　自行纳税申报方式

自行纳税申报，是由纳税人自行在税法规定的纳税期限内，向税务机关申报取得的应税所得项目和数额，如实填写个人所得税纳税申报表，并按照税法规定计算应纳税额，据此缴纳个人所得税的一种方法。

纳税义务人有下列情形之一，应按规定到主管税务机关办理纳税申报：

（1）年所得12万元以上的。

（2）从中国境内两处或者两处以上取得工资、薪金所得的。

（3）从中国境外取得所得的。

（4）取得应纳税所得，没有扣缴义务人的。

（5）国务院规定的其他情形。

2.纳税地点

（1）个人所得税自行申报的，其申报地点一般应为收入来源地的主管税务机关。

（2）纳税人从两处或两处以上取得工资、薪金的，可选择并固定在其中一地税务机关申报纳税。

（3）从境外取得所得的，应向其境内户籍所在地或经营居住地税务机关申报纳税。

（4）扣缴义务人应向其主管税务机关进行纳税申报。

（5）个人独资企业和合伙企业的投资者应向企业实际经营管理所在地主管税务机关申报缴纳个人所得税。

3.纳税期限

（1）扣缴义务人每月所扣的税款，应当在次月15日内缴入国库，并向主管税务机关报送《扣缴个人所得税报告表》，代扣代收税款凭证和包括每一纳税人姓名、单位、职务、收入、税款等内容的支付个人收入明细表以及税务机关要求报送的其他有关资料。

（2）自行申报纳税的申报期限

①年所得12万元以上的纳税人，在纳税年度终了后3个月内向主管税务机关办理纳税申报。应当填写《个人所得税纳税申报表（适用于年所得12万元以上的纳税人申报）》，并在办理纳税申报时报送主管税务机关，同时报送个人有效身份证件复印，以及主管税务机关要求报送的其他有关资料。

②个体工商户和个人独资、合伙企业投资者取得的生产、经营所得应纳的税款，分月缴纳的，纳税人在每月终了后15日内办理纳税申报；分级预缴的，纳税人在每个季度终了后15日内办理纳税申报；纳税年度终了后，纳税人在3个月内进行汇算清缴，多退少补。

③纳税人年终一次性取得对企事业单位的承包经营、承租经营所得的，自取得所得之日起30日内办理纳税申报；在1个纳税年度内分次取得承包经营、承租经营所得的，在每次取得所得后的次月15日内申报预缴；纳税年度终了后3个月内汇算清缴，多退少补。

④从中国境内取得所得纳税人，在纳税年度终了后30日内向中国境内主管事务机关办理纳税申报。

⑤除以上规定的情形外，纳税人取得其他各项所得须申报纳税的，在取得所得的次月15日内向主管税务机关办理纳税申报。

⑥纳税人不能按照规定的期限办理纳税申报，需要延期的，按照《税收征管法》第二十七条和《税收征收管理法实施细则》第三十七条的规定办理。

> **请注意** 扣缴义务人因有特殊困难不能按期报送《扣缴个人所得税报告表》及其他有关资料的，经县级税务机关批准，可以延期申报。

4.自行申报纳税的申报管理

（1）主管税务机关应当将各类申报表，登载到税务机关的网站上，或者摆放到税务机关受理纳税申报的办税服务厅，免费供纳税人随时下载或取用。

（2）主管税务机关应当在每年法定申报期间，通过适当方式，提醒年所得12万元以上的纳税人办理自行纳税申报。

（3）受理纳税申报的主管税务机关根据纳税人的申报情况，按照规定办理税款的征、补、退、抵手续。

（4）主管税务机关按照规定为已经办理纳税申报并缴纳税款的纳税人开具完税凭证。

（5）税务机关依法为纳税人的纳税申报信息保密。

（6）纳税人变更纳税申报地点，并报原主管税务机关备案的，原主管税务机关应当及时将纳税人变更纳税申报地点的信息传递给新的主管税务机关。

（7）主管税务机关对已办理纳税申报的纳税人建立纳税档案，实施动态管理。

扣缴个人所得税报告表见表6-6。

表6-6　　　　　　　　　　　　**扣缴个人所得税报告表**

填表日期：　　　　　　　　　年　月　日　　　　　　　　　金额单位：人民币元

纳税人识别号：□□□□□□□□□□□□□□□

根据《中华人民共和国个人所得税法》第九条的规定制定本表，扣缴义务人应将本月扣缴的税款在次月15日内缴入国库，并向当地税务机关报送本表。

扣缴义务人名称		地址											电话		
纳税义务人姓名	纳税人识别号	工作单位及地址	所得项目	所得期间	收入额					减费用额	应纳税所得额	税率	速算扣除数	扣缴所得税额	完税凭证号	纳税日期
					人民币	外币			人民币合计						
						货币名称	金额	外汇牌价	折合人民币						

　　如果由扣缴义务人填写完税凭证，应在报送此表时附完税凭证副联　　　份

扣缴义务人声明	我声明，此扣缴申报表是根据《中华人民共和国个人所得税法》的规定填报的，我确信它是真实的、可靠的、完整的。 　　声明人签字：

　会计主管人签字：　　　　　　负责人签字：　　　　　扣缴单位（或个人）盖章：

以下由税务机关填写

收到申报日期		接收人		审核日期	
审核记录		主管税务机关（公章）： 主管税务官员签字：			

◆ 思考题

1.什么是个人所得税？个人所得税的特点有哪些？

2.个人所得税法规定的纳税人有哪两种？如何判断并加以区别？

3.个人所得税法规定的个人所得税征收范围是怎样的？

4.个人所得税法设置的税率有哪几种？

5.个人所得税的计税依据是什么？其应纳税额是如何计算的？

6.个人所得税的纳税方法有哪两种？能否全部实行自行申报？

7.个人所得税的纳税期限和纳税地点是如何规定的？

实训题

1.张华是本市一家公司的职员，某年1月份取得以下收入：月工资5 800元；1月份取得上年度一次性全年奖金48 000元；月房屋租赁所得3 000元；当月从上市公司分得现金股利25 000元。

要求：

（1）计算张华月工资应纳的个人所得税。

（2）计算张华一次性全年奖金应纳的个人所得税。

（3）计算张华当月房屋租赁所得应纳的个人所得税。

（4）计算张华当月股利所得应纳的个人所得税。

（5）计算张华1月份应纳的个人所得税总额。

2.李刚为演艺界自由职业者，某年取得以下收入：为某服装公司拍摄宣传广告，取得收入100 000元；1—6月份每月参加歌舞团演出，每次出场费8 000元；下半年出版个人自传，取得稿酬6 000元；12月份取得偶然所得20 000元，将其中的10 000元通过民政部门捐赠给了残疾人基金会。

要求：

（1）计算李刚广告收入应纳的个人所得税。

（2）计算李刚1—6月演出应纳的个人所得税。

（3）计算李刚稿酬所得应纳的个人所得税。

（4）计算李刚偶然所得应纳的个人所得税。

（5）计算李刚全年应纳的个人所得税总额。

项目七
其他税种

项目导学

　　本项目的学习任务主要有城市维护建设税（简称"城建税"）和教育费附加、房产税、城镇土地使用税、契税、印花税、车辆购置税、车船税的基本知识，学习应纳税额的计算及申报缴纳。通过对本项目的学习，要求达到以下目标：

　　◆ 了解各税种的概念和特点；

　　◆ 掌握各税种的纳税人、征税范围、税率、应纳税额的计算方法；

　　◆ 熟悉各税种的征收管理及申报缴纳等规定。

项目描述

　　其他税种是指除了前面介绍的增值税、消费税、关税、企业所得税、个人所得税这些主体税种之外的主要常见小税种，即城市维护建设税（简称"城建税"）和教育费附加、房产税、城镇土地使用税、契税、印花税、车辆购置税、车船税等。这些税种纳税金额较小，但是征收范围广泛，具有重要的经济调节作用，是国家主体税种不可缺少的补充。

项目分析

　　本项目包含的小税种征税对象差异较大，计算原理各不相同，在学习时应注意区分每个税种的征税范围和征收目的，理解每个税种在经济调节中的不同作用，从而进一步理解每个税种的计算原理，并熟悉每个税种的申报方法。

任务一   计算与缴纳城市维护建设税和教育费附加

情境导入

> 小张同学在税务代理公司实习期间，发现不管是增值税纳税人还是消费税纳税人，都需要缴纳城建税。小张同学了解到城建税具有特定目的性，用于城市的维护建设，体现"谁上税，谁受益"的原则。那城建税是如何征收的呢？征收方法如何做到公平合理？

1.城市维护建设税和教育费附加的概念

城市维护建设税（简称城建税），是对从事工商经营并缴纳增值税、消费税的单位和个人征收的一种税，是我国为了加强城市的维护建设，扩大和稳定城市维护建设资金的来源，对有经营收入的单位和个人征收的一个税种。它属于特定目的税，具有专款专用、征收范围广的特点。城建税的开征有利于调动地方政府加强城市维护建设的积极性，扩大和稳定城市维护建设资金的来源，在促进城市开发和改造，改善城镇企业和居民生产、生活环境等方面有着重大意义。

现行城建税的基本规范是1985年2月8日国务院颁布的《中华人民共和国城市维护建设税暂行条例》。1994年税制改革时，保留了该税种，作了一些调整，并准备适时进一步扩大征收范围和改变计征办法。

教育费附加是为了增加教育经费，发展地区教育，对缴纳增值税、消费税的单位和个人，以其实际缴纳的增值税和消费税税额为计算依据而征收的一种专项收入。

现行的教育费附加政策，是国务院于1986年4月28日颁布的《征收教育费附加的暂行规定》，决定从同年7月1日开始在全国范围内征收教育费附加，以及2005年10月1日施行的《国务院关于修改〈征收教育费附加的暂行规定〉的决定》，目的是多渠道筹集教育经费，改善中小学办学条件，促进地方教育事业的发展。

2.纳税人

2.1   城市维护建设税的纳税人

按照现行税法的规定，城市维护建设税的纳税人是在征税范围内从事工商经营，缴纳增值税和消费税的单位和个人。任何单位或个人，只要缴纳增值税和消费税中的一种，就必须同时缴纳城市维护建设税。

2.2   教育费附加的缴费人

凡缴纳增值税、消费税的单位和个人，均为教育费附加的缴费义务人。凡代征增值税、消费税的单位和个人，亦为代征教育费附加的义务人。自2010年12月1日起，外商投资企业、外国企业及外籍人员均须缴纳教育费附加。

3.征税范围

城市维护建设税在全国范围内征收，不仅包括城市、县城和镇，还包括城镇以外的地区。

教育费附加的征税范围只包括城市、县城、建制镇和工矿区。目前，农村地区不征收教育费附加。

4.适用税率

4.1 城市维护建设税的税率

城建税按纳税人所在地的不同，设置了三档地区差别比例税率，即：

（1）纳税人所在地为市区的，税率为7%；

（2）纳税人所在地为县城、镇的，税率为5%；

（3）纳税人所在地不在市区、县城或者镇的，税率为1%。

确定城建税的适用税率时，应当以纳税人所在地为依据来确定适用税率。但是，对下列两种情况，可按缴纳增值税和消费税所在地确定适用税率，并就地缴纳城建税：

（1）由受托方代征代扣增值税和消费税的单位和个人，按受托方所在地适用税率计算代扣代缴的城建税。

（2）流动经营等无固定纳税地点的单位和个人，在经营地缴纳增值税和消费税的，按经营地适用税率计算缴纳城建税。

4.2 教育费附加征收率

现行教育费附加征收率为3%。

5.城市维护建设税和教育费附加的计算

5.1 城市维护建设税的计算

5.1.1 城市维护建设税的计税依据

城建税的计税依据是指纳税人实际缴纳的增值税和消费税税额之和。城建税没有独立的计税依据。在具体确定时需要注意以下几点：

（1）城建税计税依据只是纳税人实际缴纳的增值税和消费税税额，不包括非应税款项。

（2）纳税人违反增值税和消费税有关规定，被查补增值税和消费税和被处以罚款时，应同时对其偷漏的城建税进行补税和罚款。

（3）纳税人违反有关税法而加收的滞纳金和罚款，不作为城建税的计税依据。

5.1.2 城市维护建设税的计算方法

城建税纳税人的应纳税额大小是由纳税人实际缴纳的增值税和消费税税额决定的。其计算公式为：

应纳城建税额=（实际缴纳的增值税+实际缴纳的消费税）×适用税率

【例7-1】齐鲁红星公司位于济南市市区，2017年6月份实际缴纳增值税116万元，缴纳消费税24万元。

要求：计算该企业2017年6月份应缴纳的城市维护建设税税额。

【解析】

应纳城建税额=（116+24）×7%=9.8（万元）

5.2 教育费附加的计算

5.2.1 计税依据

教育费附加针对缴纳增值税、消费税的单位和个人征收，并以其实际缴纳的增值税和消费税税额为计征依据，分别与增值税、消费税同时缴纳。

5.2.2　教育费附加的计算方法

应缴教育费附加金额的大小是由纳税人实际缴纳的增值税和消费税税额决定的，其计算公式为：

应缴教育费附加额＝（实际缴纳的增值税＋实际缴纳的消费税）×教育费附加率

【例7-2】齐鲁红星公司2017年6月份实际缴纳增值税116万元，消费税24万元。

要求：计算该公司6月应缴纳的教育费附加金额。

【解析】

应缴教育费附加额＝（116＋24）×3%＝4.2（万元）

6.税收优惠

6.1　城市维护建设税的税收优惠

城建税原则上不单独减免，但因城建税又具附加税性质，当减免主税（增值税、消费税）时，城建税也要相应减免。具体有以下几种情况：

（1）城建税随增值税和消费税的减免而减免。

（2）对于因减免增值税和消费税而发生的退税，同时退还已缴纳的城建税。

> 请注意
> 教育费附加的计征依据和计算方法与城市维护建设税相同。

（3）海关对进口产品代征的增值税、消费税，不征收城建税，但出口产品退还增值税、消费税的，不退还已缴纳的城建税。

（4）2010年12月1日前，对中外合资企业和外国企业暂不征收城建税。2010年12月1日以后，根据2010年10月18日颁布的《国务院关于统一内外资企业和个人城市建设维护税和教育费附加制度的通知》执行。

（5）对增值税和消费税实行先征后返、先征后退、即征即退办法的，除另有规定外，对随增值税和消费税附征的城建税和教育费附加，一律不予退（返）还。

6.2　教育费附加的减免规定

（1）对海关进口的产品征收的增值税、消费税不征收教育费附加。

（2）对由于减免增值税、消费税而发生退税的，可同时退还征收的教育费附加。但对出口产品退还增值税、消费税的，不退还已征收的教育费附加。

（3）对从事生产卷烟和经营烟叶产品的单位，减半征收教育费附加。

7.城市维护建设税的申报与缴纳

7.1　纳税环节

城建税的纳税环节是指《中华人民共和国城市维护建设税暂行条例》（简称《城建税暂行条例》）规定的纳税人应当缴纳城建税的环节。城建税的缴纳环节，实际上就是纳税人缴纳增值税和消费税的环节。纳税人只要发生增值税和消费税的纳税义务，就要在同样的环节，分别计算缴纳城建税。

7.2　纳税地点

城建税以纳税人实际缴纳的增值税、消费税税额为计税依据，分别与增值税和消费税同时缴纳。所以纳税人缴纳增值税和消费税的地点，就是该纳税人缴纳城建税的地点。但是，属于下列情况的，纳税地点会发生变化：

（1）代征代扣增值税和消费税的单位和个人，其城建税的纳税地点为代征代扣地。

（2）对流动经营无固定纳税地点的单位和个人，应随同增值税和消费税在经营地按适用税率缴纳。

7.3　纳税期限

由于城建税是由纳税人在缴纳增值税和消费税的同时缴纳的，所以其纳税期限分别与增值税和消费税的纳税期限一致。

由于《城建税暂行条例》是在1994年分税制前制定的，1994年后，增值税、消费税由国家税务局征收管理，而城市维护建设税由地方税务局征收管理，因此，在缴纳入库的时间上不一定一致。

7.4　城市维护建设税纳税申报表

《城市维护建设税纳税申报表》见表7-1。

表7-1　　　　　　　　　　　城市维护建设税纳税申报表

纳税人识别号：　　　　　填表日期：　年　月　日　　　金额单位：元（列至角分）

纳税人名称				税款所属时期		
计税依据	计税金额	税率	应纳税额	已纳税额		应补（退）税额
1	2	3	4=2×3	5		6=4-5
增值税						
消费税						
合　计						
如纳税人填报，由纳税人填写以下各栏			如委托代理人填报，由代理人填写以下各栏			备注
会计主管（签章）	纳税人（公章）	代理人名称		代理人（公章）		
		代理人地址				
		经办人姓名		电话		
以下由税务机关填写						
收到申报表日期				接收人		

8. 教育费附加的申报与缴纳

8.1　教育费附加的缴纳地点、缴纳环节、缴纳期限

教育费附加的缴纳地点、缴纳环节、缴纳期限与城市维护建设税相同。

8.2　教育费附加申报表

《教育费附加申报表》见表7-2。

表7-2

教育费附加申报表

开户银行账号：

纳税人识别号：　　　　　　　填表日期：　年　月　日　　　　　　　　　单位：元

纳税人名称				税款所属时期		
计税依据	计税金额	税率	应纳税额	已纳税额		应补（退）税额
1	2	3	4=2×3	5		6=4-5
增值税						
消费税						
合　计						
如纳税人填报，由纳税人填写以下各栏			如委托代理人填报，由代理人填写以下各栏			备注
会计主管（签章）	纳税人（公章）	代理人名称		代理人（公章）		
		代理人地址				
		经办人姓名		电话		
以下由税务机关填写						
收到申报表日期				接收人		

任务二　　　计算与缴纳房产税

情境导入

　　小张同学经过一段时间的学习，对于企业涉及的主体税种的相关知识已经有所了解。为了进一步拓宽知识面，使其全面了解企业的税务知识，税务师又交给他一个新的任务，让他参与代理本市一家商贸公司的房产税的纳税申报工作。因此，他首先需要对房产税的基本知识进行学习，了解一下房产税的概念、纳税人、征税范围、税率以及减免税等内容，掌握房产税的计税依据和应纳税额的计算方法，并了解房产税的纳税申报。

1.房产税的概念

　　房产税是以房屋为征税客体，按照房屋的价值或房屋租金向产权所有人或经营管理人等征收的一种税。1986年9月15日国务院发布了《中华人民共和国房产税暂行条例》，规定自同年10月1日起征收房产税。

请注意　外资企业及外籍个人也是房产税纳税人。

2.房产税的纳税人和征税范围

2.1　房产税的纳税人

房产税的纳税人是在我国城市、县城、建制镇和工矿区内拥有房屋产权的单位和个人，具体包括产权所有人、承典人、房产代管人或使用人。

房产税的征税对象是房产。所谓房产，是指有屋面和围护结构，能够遮风避雨，可供人们在其中生产、学习、工作、娱乐、居住或储藏物资的场所。但独立于房屋的建筑物如围墙、暖房、水塔、烟囱、室外游泳池等不属于房产（室内游泳池属于房产）。

（1）产权属国家所有的，由经营管理单位纳税；产权属集体和个人所有的，由集体单位和个人纳税。

（2）产权出典的，由承典人纳税。

（3）产权所有人、承典人不在房屋所在地的，由房产代管人或者使用人纳税。

（4）产权未确定及租典纠纷未解决的，亦由房产代管人或者使用人纳税。

（5）无租使用其他房产的问题。纳税单位和个人无租使用房产管理部门、免税单位及纳税单位的房产，应由使用人代为缴纳房产税。

2.2　房产税的征税范围

《房产税暂行条例》规定，房产税在城市、县城、建制镇和工矿区征收。其中城市是指国务院批准设立的市，其征税范围为市区、郊区和市辖县城，不包括农村；县城是指未设立建制镇的县人民政府所在地的地区；建制镇是指经省、自治区、直辖市人民政府批准设立的建制镇；工矿区是指工商业比较发达，人口比较集中，符合国务院规定的建制镇的标准，但尚未设立建制镇的大中型工矿企业所在地。在工矿区开征房产税须经省、自治区、直辖市人民政府批准。

@ **知识链接**

房产税改革

近年来，我国房地产市场快速发展，与私人购房大量增加相伴随的，是房价的大幅上涨。房产价格居高不下，在北京、上海等发达城市，房价已经是住房制度改革之初的10余倍。房产价值大幅提升，房产成为个人财产的重要组成部分。近几年房产投资或投机也成为一部分人积累财富的重要方式，对居民收入差距的拉大产生了越来越大的影响。通过对面积大、价值高、套数多的个人住房征收房产税进行适当调节，可以在一定程度上促使收入和财产的合理分配，缩小贫富差距。但长期以来由于我国对房产税的征收还存在一些技术性难题，使得我国对房产税的征收存在很大的不足，其收入规模相当小，开征当年实现的税收微乎其微。据统计，2011年全国税收总收入为89 720.31亿元，房产税实现收入1 102.36亿元，房产税收入占税收总收入的比重为1.2%。因此，在我国个人住房房地产市场飞速发展的情况下，现有的房产税并不能实现调控房价、调节收入分配的作用，我们急需针对个人住房交易的房产税的推行与改革来调控房地产市场。从国际经验及公平、规范的角度看，应对个人所拥有的住房普遍征收房产税。由于我国地区之间、城乡之间、城市之间经济发展水平差别较大，各地房地产信息管理水平参差不齐，目前对个人住房普遍征税的条件尚不成熟，因此改革难以一步到位，只能分步推进，可以考虑先在部分城市进行试点。2012年1月28日，上海、重庆成为全国首批个人住房征收房产税改革试点城市。

3.房产税的计税依据、税率和应纳税额的计算

3.1　房产税的计税依据

房产税的计税依据，一种是依照房产价值（亦称"余值"）计税的，称为从价计征。另一种是房产出租的，以房产租金收入为房产税的计税依据，称为从租计征。

（1）从价计征。

按照房产余值征税的，称为从价计征；房产税依照房产原值一次性减除10%～30%后的余值计算缴纳。扣除比例由省、自治区、直辖市人民政府在税法规定的减除幅度内自行确定。

（2）从租计征。

按照房产租金收入计征的，称为从租计征；房产出租的，以房产租金收入为房产税的计税依据。

3.2　房产税的税率

我国现行房产税采用比例税率，根据计税依据不同，分设两种税率。

（1）依照房产价值计算纳税的，税率为1.2%。

（2）依照房产租金收入计算缴纳的，税率为12%。从2001年1月1日起，对个人按市场价格出租的居民住房，可暂减按4%的税率征收房产税。

3.3　房产税应纳税额的计算

根据税法规定，房产税的计算方法有以下两种：

（1）从价计征的房产税按房产原值一次减除一定比例后的余值计算，其计算公式为：

年应纳税额=应税房产账面原值×（1-扣除比例）×1.2%

【例7-3】 某企业一幢房产原值1 000万元，已知房产税税率为1.2%，当地规定的房产税扣除比例为30%。

要求：计算该房产年度应缴纳的房产税税额。

【解析】

应纳房产税=1 000×（1-30%）×1.2%=8.4（万元）

（2）从租计征的房产税按租金收入计算，其计算公式为：

年应纳税额=年租金收入×12%（或4%）

【例7-4】 某企业出租房屋5间，年租金收入100 000元，适用税率12%。

要求：计算该企业应缴纳的房产税。

【解析】

某企业应纳房产税=100 000×12%=12 000（元）

4.房产税的税收减免

根据有关规定，下列房产免征房产税：

（1）对国家机关、人民团体、部队自用的房产。

（2）由国家财政部门拨付事业经费的单位自用的房产。

（3）宗教、寺庙、公园、名胜古迹自用的房产。

（4）个人所有非营业用的房产。

（5）财政部、国家税务总局批准免征税的房产。

> 请注意：你能举出免征房产税的具体例子吗？

5.房产税的纳税义务发生时间、纳税地点和纳税期限

5.1　房产税的纳税义务发生时间

（1）纳税人将原有房产用于生产经营，从生产经营之月起，缴纳房产税。

（2）纳税人自行新建房屋用于生产经营，从建成之次月起，缴纳房产税。

（3）纳税人委托施工企业建设的房屋，从办理验收手续之次月起，缴纳房产税。

（4）纳税人购置新建商品房，自房屋交付使用之次月起，缴纳房产税。

（5）纳税人购置存量房，自办理房屋权属转移、变更登记手续，房地产权属登记机关签发房屋权属证书之次月起，缴纳房产税。

（6）纳税人出租、出借房产，自交付出租、出借本企业房产之次月起，缴纳房产税。

（7）房地产开发项目自用、出租、出借本企业建造的商品房，自房屋使用或交付之次月起，缴纳房产税。

（8）自2009年1月1日起，纳税人因房产的实物或权利状态发生变化而依法终止房产税纳税义务的，其应纳税款的计算应截止到房产的实物或权利状态发生变化的当月末。

5.2　房产税的纳税地点

纳税人应当依照当地税务机关的规定，将现有房屋的坐落地点、数量、价值或租金收入等情况，据实向税务机关纳税申报，并根据规定在房产所在地纳税。如纳税人拥有多处房产的，应分别在房产所在地纳税。

5.3　房产税的纳税期限

房产税实行按年计征，分期缴纳。具体纳税期限由省、自治区、直辖市人民政府规定。

6.房产税的申报缴纳

房产税纳税人应按规定填写《房产税纳税申报表》，见表7-3。

表7-3
房产税纳税申报表

税款所属时期：　　　　　　年　月　日至　年　月　日　　　　　　计算单位：元、平方米

纳税人名称		纳税编码		身份证号码（个人）				电话	
		房产所属税务机关		组织机构代码（单位）					
房产登记编号	房产地址	房屋名称（楼名、栋号、房号）	房产用途	房产原值	计税余值	适用税率	年应缴纳税额	本期应缴税额	本期减免税额	本期实缴税额
合计										

续表

申报人声明	本人对所提交的文件、证件以及填写内容的真实性、有效性和合法性承担责任，如有虚假内容，申报人依法承担相关责任。法定代表人（自然人申报人）签名（盖章）： 年　月　日	授权人声明	现授权_____为本申报人本次申报事项的代理人，其法人代表_____，电话_____。若采取邮寄方式送达申报有关往来文件，请寄给下列收件人：□申报人；□代理人。委托代理合同编号：授权人（法定代表、自然人申报人）签名（盖章）： 年　月　日	代理人声明	本申报事项根据国家税收法律法规及国家、税务机关的有关规定填报，如有虚假内容，代理人依法承担相关责任。代理人（法定代表、自然人申报人）签名（盖章）： 年　月　日	特别声明	本人同意按照税务机关登记的本申报人的房地产信息申报纳税。法定代表人（自然人申报人）签名（盖章）： 年　月　日

受理税务机关（章）：	受理录入日期：
受理录入人：	

任务三　　计算与缴纳城镇土地使用税

情境导入

　　小张同学在全面了解房产税应纳税额的计算以及纳税申报工作之后，税务师又让他参与代理本市一家商贸公司的城镇土地使用税的纳税申报工作。小张同学了解到，该企业经常会发生城镇土地使用税的缴纳业务，因此，他首先需要对城镇土地使用税的基本知识进行学习，了解城镇土地使用税的概念、特点、纳税人、征税范围、税率以及减免税等内容，掌握城镇土地使用税的计税依据和应纳税额的计算方法，顺利进行城镇土地使用税的纳税申报工作。

1.城镇土地使用税的概念

　　城镇土地使用税是对在城市、县城、建制镇和工矿区使用土地的单位和个人，以其实际占用的土地面积为计税依据，按照规定的税额征收的一种税。

　　开征城镇土地使用税的政策目标在于促进合理、节约使用土地，提高土地使用效率；利用城镇土地，调节土地级差收入，加强土地管理。中华人民共和国成立后，曾于20世纪80年代后期，尝试土地制度的改革。1988年9月27日国务院发布了《中华人民共和国城镇土地使用税暂行条例》，自1988年11月1日起施行。2006年12月国务院颁布《国务院关于修改〈中华人民共和国城镇土地使用税暂行条例〉的规定》，自2007年1月1日起施行。

2.城镇土地使用税的纳税人和征税范围

2.1 城镇土地使用税的纳税人

城镇土地使用税的纳税人，是在征税范围内使用土地的单位和个人，包括外资企业和外籍人员。

税法根据土地使用者的不同情况分别确定为：

（1）拥有土地使用权的单位和个人。

（2）拥有土地使用权的单位和个人不在土地所在地的，其土地的实际使用人和代管人为纳税人。

（3）土地使用权共有的，共有各方都是纳税人，由共有各方分别纳税。各自应以其实际使用的土地面积占总面积的比例，分别计算缴纳城镇土地使用税。

（4）土地使用权未确定或者权属纠纷未解决的，由实际使用人纳税。

请注意：对征税范围内的集体所有制土地也征收城镇土地使用税。

2.2 城镇土地使用税的征税范围

城镇土地使用税的征税范围包括在城市、县城、建制镇、工矿区范围内使用的土地。

其中，城市是指国务院批准设立的市，征税范围为市区、郊区；县城是指县人民政府所在地，县城的征税范围是县人民政府所在地的城镇；建制镇是指经省、自治区、直辖市人民政府批准设立的建制镇，建制镇的征税范围是镇人民政府所在地的地区但不包括镇人民政府所在地所辖行政村；工矿区是指工商业比较发达，人口比较集中，符合国务院建制镇的标准，但尚未设立建制镇的大中型工矿企业所在地。在工矿区开征城镇土地使用税须经省、自治区、直辖市人民政府批准。

自2009年1月1日起，公园、名胜古迹内的索道公司经营用地，应按规定缴纳城镇土地使用税。

3.城镇土地使用税的计税依据、税率和应纳税额的计算

3.1 城镇土地使用税的计税依据

城镇土地使用税的计税依据是纳税人实际占用土地的面积。土地面积以平方米为计量标准，按照下列办法确定：

（1）由省、自治区、直辖市人民政府确定的单位组织测定土地面积的，以测定的土地面积为准。

（2）尚未测定，但纳税人持有政府部门核发的土地使用证书的，以证书确认的土地面积为准。

（3）尚未核发土地使用证书的，应由纳税人申报土地面积，据以纳税，待核发土地使用证书以后再作调整。

3.2 城镇土地使用税的税率

城镇土地使用税采用定额税率，即采用有幅度的差别税额，按大、中、小城市和县城、建制镇、工矿区分别规定每平方米城镇土地使用税年应纳税额。具体标准如下：

（1）大城市每平方米1.5元至30元。

（2）中等城市每平方米1.2元至24元。

（3）小城市每平方米0.9元至18元。

（4）县城、建制镇、工矿区每平方米0.6元至12元。

各省、自治区、直辖市人民政府可根据市政建设情况和经济繁荣程度在规定税额幅度内，确定所辖地区的适用税额幅度。经济落后地区，城镇土地使用税的适用税额标准可适当降低，但降低额不得超过上述规定最低税额的30%。经济发达地区的适用税额标准可以适当提高，但须报财政部批准。

3.3　城镇土地使用税的应纳税额的计算

城镇土地使用税是以纳税人实际占用土地的面积和适用税额计算。计算公式如下：

（全年）应纳税额=实际占用应税土地面积（平方米）×适用税额

【例7-5】某市一商场实际占地面积为15 000平方米，经税务机关确定该商场所处位置每平方米适用税额为10元。

要求：计算该商场全年应缴纳的城镇土地使用税额。

【解析】

该商场年应缴纳的城镇土地使用税额=15 000×10=150 000（元）

4.城镇土地使用税的减免

《城镇土地使用税暂行条例》规定，下列土地可免税：

（1）国家机关、人民团体、军队自用的土地。

（2）由国家拨付事业经费的单位自用土地。

（3）宗教寺庙、公园、名胜古迹自用的土地。

（4）市政街道、广场、绿化带等公共用地。

（5）直接用于农、林、牧、渔业的生产用地。

（6）开山填海整治的土地和改造的废弃土地，从使用的月份起免缴城镇土地使用税5～10年。

（7）由财政部另行规定免税的能源、交通、水利设施用地等。

5.城镇土地使用税的纳税义务发生时间、纳税地点和纳税期限

5.1　城镇土地使用税的纳税义务发生时间

（1）纳税人购置新建商品房，自房屋交付使用之次月起，缴纳城镇土地使用税。

（2）纳税人购置存量房，自办理房屋权属转移、变更登记手续，房地产权属登记机关签发房屋权属证书之次月起，缴纳城镇土地使用税。

（3）纳税人出租、出借房产，自交付出租、出借房产之次月起，缴纳城镇土地使用税。

（4）地产开发企业自用、出租、出借本企业建造的商品房，自房屋使用或交付之次月起，缴纳城镇土地使用税。

（5）纳税人新征用的耕地，自批准征用之日起满一年时开始缴纳城镇土地使用税。

（6）纳税人新征用的非耕地，自批准征用次月起缴纳城镇土地使用税。

5.2　城镇土地使用税的纳税地点

城镇土地使用税由土地所在地的税务机关征收。纳税人使用的土地不属于同一省（自治区、直辖市）管辖范围的，应由纳税人分别向土地所在地税务机关缴纳；在同一省（自治区、直辖市）管辖范围内，纳税人跨地区使用的土地，其纳税地点由省、自治区、直辖市税务机关确定。

5.3　城镇土地使用税的纳税期限

城镇土地使用税按年计算，分期缴纳。缴纳期限由省、自治区、直辖市人民政府规定。

6.城镇土地使用税的申报

《城镇土地使用税纳税申报表》见表7-4。

表7-4　　　　　　　　　　　　城镇土地使用税纳税申报表

填表日期：　年　月　日

税款所属时期：　　　　　　　年　月　日至　年　月　日　　　　　　金额单位：元（列至角分）

纳税人名称							企业编码				
地址							邮政编码				
办税员姓名				电话			税务登记证号				
土地所处地点	上期占地面积	本期增减	增减时间	本期实际占地面积	法定免税面积	应税面积	土地等级	适用税额	全年应缴税额	年缴纳次数	本期
											应纳税额	已纳税额	应补（退）税额
1	2	3		4=2+3	5	6=4-5	7	8	9=6×8	10	11=9÷10	12	13=11-12
合计													

如纳税人填报，由纳税人填写：		如委托代理人填报，由代理人填写以下各栏			
会计主管（签章）	纳税人（公章）	代理人名称		代理人（公章）	
		代理人地址			
		经办人姓名		电话	
以下由税务机关填写					
收到申报表日期		接收人			

| 任务四 | 计算与缴纳契税 |

情境导入

小张同学经过一段时间的实习，发现参与代理的公司在进行土地、房屋的转让时，都需要缴纳契税，那么，契税的应纳税额应如何计算？如何进行契税的纳税申报？这些问题都极大地调动了他的好奇心。在公司税务师的帮助下，他开始对契税的概念、纳税人、征税范围、税率、应纳税额计算等内容进行学习，以便顺利地进行契税的纳税申报工作。

1.契税的概念

契税是对在境内办理土地、房屋所有权转移登记时，向承受单位和个人征收的一种税。契税与其他税种相比具有课税广泛、取得收入及时和税基相对稳定的特点，同时具有调控房地产市场，促进经济发展的作用。

@ **知识链接**

中国契税的沿革

在中国，契税起源于东晋时期的"估税"，至今已有1600多年的历史。1927年国民政府公布验契暂行条例及章程，将契税划归地方收入。中华人民共和国成立后，政务院于1950年发布《契税暂行条例》，规定对土地、房屋的买卖、典当、赠与和交换征收契税。改革开放后，国家重新调整了土地、房屋管理方面的有关政策，房地产市场逐步得到了恢复和发展。为适应形势的需要，从1990年开始，全国契税征管工作全面恢复。恢复征收后，契税收入连年大幅度增加。但由于《契税暂行条例》立法年代久远，很多规定与当前的实际情况脱节，实际工作中难以操作和执行。为了适应建立和发展社会主义市场经济形势的需要，充分发挥契税筹集财政收入和调控房地产市场的功能，从1990年起，国家就着手开始了《契税暂行条例》的修订工作。其间经过大量的调查研究，数易其稿。1997年7月7日，李鹏总理签署国务院第224号令，发布了《中华人民共和国契税暂行条例》（以下简称《契税暂行条例》），并于同年10月1日起开始实施。

2.契税的纳税人和征税范围

2.1 契税的纳税人

根据现行《契税暂行条例》，在中华人民共和国境内转移土地、房屋权属，承受的单位或个人为契税的纳税人，具体包括：各类企业单位、事业单位、国家机关、军事单位和社会团体以及其他组织，个体经营者及其他个人。

2.2 契税的征税范围

契税的征税对象是在我国境内发生权属转移的土地、房屋。具体征税范围包括：

（1）国有土地使用权出让。

国有土地使用权出让是指土地使用者向国家交付土地使用权出让费用，国家将土地使用权在一定年限内让与土地使用者的行为。

（2）土地使用权的转让。

土地使用权的转让是指土地使用者以出售、赠与、交换或者其他方式将土地使用权转移给其他单位和个人的行为。土地使用权的转让不包括农村集体土地承包经营权的转移。

（3）房屋买卖。

房屋买卖是指房屋所有者将其房屋出售，由承受者交付货币、实物、无形资产或者其他经济利益的行为。

（4）房屋赠与。

房屋赠与是指房屋所有者将其房屋无偿转让给受赠者的行为。

（5）房屋交换。

房屋交换是指房屋所有者之间互相交换房屋的行为。

（6）以特殊方式转移土地、房屋权属。

随着经济形势的发展，还有一些以特殊方式转移土地、房屋权属的，如以土地、房屋权属作价投资、入股；以土地、房屋权属抵债；以获奖方式承受土地、房屋权属；以预购方式或者预付集资建房款方式承受土地、房屋权属。对于以上方式转移土地、房屋权属的也要缴纳契税。

3.契税的计税依据、税率和应纳税额的计算

3.1　契税的计税依据

各类土地、房屋权属转移，方式各不相同，契税计税依据也各有差异。《契税暂行条例》规定契税的计税依据主要有：

（1）国有土地使用权出让、土地使用权出售、房屋买卖，为成交价格。

（2）土地使用权赠与、房屋赠与，由征收机关参照土地使用权出售、房屋买卖的市场价格核定。

（3）土地使用权交换、房屋交换，为所交换的土地使用权、房屋的价格的差额。前款成交价格明显低于市场价格并且无正当理由的，或者所交换土地使用权、房屋价格的差额明显不合理并且无正当理由的，由征收机关参照市场价格核定。

（4）以划拨方式取得土地使用权的，经批准转让房地产时，应由房地产转让者补缴契税。其计税依据为补缴的土地使用权出让费用或者土地收益。

3.2　契税的税率

契税实行幅度比例税率，税率为3%～5%。具体执行税率由省、自治区、直辖市人民政府在规定的幅度内，依据本地区的实际情况确定，并报财政部和国家税务总局备案。另外，房屋赠与所缴纳的契税，应当由征收机关参照房屋买卖的市场价格核定。

3.3　契税的计算

契税应纳税额的计算公式如下：

契税应纳税额=计税依据×税率

【例7-6】居民李某2017年将私有房屋出售给王某，价格为80万元；又将另一套房屋与张某的一处房产交换，双方协定由李某向张某支付房价差额款10万元。当地的契税税率为3%。

要求：计算李某应纳契税额。

【解析】

李某出售房屋不缴纳契税。

李某与张某交换房屋应纳契税额=100 000×3%=3 000（元）

4.契税的减免税优惠

根据现行《契税暂行条例》规定，契税减免主要有：

（1）国家机关、事业单位、社会团体和军事单位承受土地、房屋用于办公、教学、医疗、科研和军事设施的，免征契税。

（2）城镇职工按规定第一次购买公有住房的，免征契税；免税范围只限经当地住房制度改革领导小组批准出售的公有住房，并且在国家规定住房面积以内，按标准价（或者成本价）购买的公有住房。

（3）因不可抗力灭失住房而重新购买住房的，酌情给予减征或者免征契税。

（4）土地、房屋被县级以上人民政府征用（占用）后，重新承受土地、房屋权属，其成交价格没有超出补偿费的，免征契税；超出补偿费的部分，经县级以上征收机关批准可酌情给予减征或者免征契税。

（5）驻华使领馆购买的馆舍及职业领馆馆长官邸，免征契税；对驻华使领馆为工作人员和职业领馆馆长以外的其他代表派遣国的领事人员承受土地、房屋权属，由外交部提供我国与他国双边协定或者领事条约中有关我国住他国使领馆购买房地产享受免税的证明，报经财政部批准，免征契税。

（6）财政部规定的其他减征、免征契税项目。

5.契税的纳税义务发生时间、纳税地点和纳税期限

5.1 契税的纳税义务发生时间

根据现行《契税暂行条例》规定，契税的纳税义务发生时间为纳税人签订土地、房屋权属转移合同的当天，或者纳税人取得其他具有土地、房屋转移合同性质凭证的当天。

5.2 契税的纳税地点

纳税人应当自纳税义务发生之日起10日内，向土地、房屋所在地的契税征收机关办理纳税申报，并在契税征收机关核定的期限内缴纳税款。

6.契税的纳税申报

《契税纳税申报表》见表7-5。

表7-5 **契税纳税申报表**

填表日期： 年 月 日 金额单位：元；面积单位：平方米

承受方	名称		识别号	
	地址		联系电话	
转让方	名称		识别号	
	地址		联系电话	
土地、房屋权属转移	合同签订时间			
	土地、房屋地址			
	权属转移类别			
	权属转移面积	平方米		
	成交价格	元		
适用税率				
计征税额	元			
减免税额	元			
应纳税额	元			
纳税人员签章			经办人签章	
（以下部分由征收机关负责填写）				
征收机关收到日期		接收人	审核日期	
审核记录				
审核人员签章			征收机关签章	

（本表为A4竖式，一式两份：第一联由纳税人保存；第二联由主管征收机关留存）

任务五　　　　　计算与缴纳印花税

情境导入

　　小张同学在税务代理公司实习期间，接触了很多企业的账务处理资料，他发现了一些像邮票一样的印花税票。于是，他想要了解印花税的概念、作用、征税对象和征税范围，进一步学习印花税的计算方法。

1.印花税的概念

印花税是对经济活动和经济交往中书立、使用、领受应税凭证的单位和个人征收的一种税。由于该税的纳税人是通过在应税凭证上粘贴"印花税票"来完成纳税义务的,故名印花税。印花税具有覆盖面广、税率低、税负轻、纳税人自行完税等特点。

印花税票是缴纳印花税的完税凭证,由国家税务总局负责监制。其票面金额以人民币为单位,分为壹角、贰角、伍角、壹圆、贰圆、伍圆、拾圆、伍拾圆、壹佰圆九种。

@知识链接

印花税的发展

印花税是世界上各国普遍征收的一个税种。它历史悠久,最早始于1624年的荷兰。历史上,北洋军阀政府曾颁布过《印花税法》,并于1913年正式开征印花税。中华人民共和国成立后,中央人民政府政务院于1950年1月发布《印花税法》,规定印花税为全国统一开征的14个税种之一。1958年简化税制时,将印花税并入工商统一税,印花税不再单独征收。

党的十一届三中全会以来,随着改革开放政策的贯彻实施,我国国民经济得到迅速发展,经济活动中依法书立各种凭证已成为普遍现象。根据经济发展和建设社会主义经济法制的需要,国家相继颁布了经济合同法、商标法、工商企业登记管理条例等一系列经济法规。为了在税收上适应不断变化的客观经济情况,广泛筹集财政资金,维护经济凭证书立、领受人的合法权益,1988年8月,国务院公布了《中华人民共和国印花税暂行条例》,于同年10月1日起恢复征收印花税。为进一步规范印花税管理,方便纳税人,国家税务总局于2016年11月29日发布了《印花税管理规程(试行)》,自2017年1月1日起施行。

2.印花税的基本内容

2.1 印花税的纳税义务人

印花税的纳税人,是在我国境内书立、使用、领受属于征税范围内所列凭证的单位和个人,包括各类企业、事业、机关、团体、部队以及中外合资经营企业、合作经营企业、外资企业、外国公司和其他经济组织及其在华机构等单位和个人。根据书立、使用、领受凭证的不同,印花税的纳税人具体分为6种:

(1)立合同人。

书立各类经济合同的,以立合同人为纳税人。

所谓立合同人,是指合同的当事人,不包括担保人、证人、鉴定人。如果应税凭证是由当事人的代理人代为书立的,则由代理人代为承担纳税义务。

(2)立据人。

订立各种财产转移书据的,以立据人为纳税人。

(3)立账簿人。

设立并使用营业账簿的,以立账簿人为纳税人。

(4)领受人。

> **请注意** 对同一凭证,凡是由两方或者两方以上当事人共同书立的,各方均为印花税的纳税人,应当由各方就所持凭证的计税金额履行纳税义务。

领取权利、许可证照的，以领受人为纳税人。

（5）使用人。

在国外书立、领受，但在国内使用的应税凭证，其使用人为纳税人。

（6）各类电子应税凭证的签订人。

即以电子形式签订的各类应税凭证的当事人。

2.2 印花税征税范围

我国经济活动中发生经济凭证种类繁多、数量巨大，现行印花税只对《印花税暂行条例》列举的凭证征收，未列举的凭证不征收印花税。列举的凭证分为5类，即经济合同，产权转移书据，营业账簿，权利、许可证照和经财政部批准的其他凭证。印花税的征税范围具体包括以下各项内容：

（1）经济合同。

印花税只对依法订立的经济合同以及具有合同性质的凭证征收。这里的经济合同是指依据《中华人民共和国合同法》的有关规定订立的合同；对于具有合同性质的凭证，是指具有合同效力的协议、契约、合约、单据、确认书及其他各种名称的凭证。在印花税税目、税率表中列举了以下10类合同和具有合同性质的应税凭证：

①购销合同。

包括供应、预购、采购、购销结合及协作、调剂、补偿、易货等合同，还包括各出版单位与发行单位（不包括订阅单位和个人）之间订立图书、报纸、期刊和音像制品的应税凭证。

②加工承揽合同。

包括加工、定做、修缮、修理、印刷、广告、测绘、测试等合同。

③建设工程勘察设计合同。

包括勘察、设计合同的总承包合同、分包合同和转包合同。

④建筑安装工程承包合同。

包括建筑、安装工程承包合同的总承包合同、分包合同和转包合同。

⑤财产租赁合同。

包括租赁房屋、船舶、飞机、机动车辆、机械、器具、设备等合同，还包括企业、个人出租门店、柜台等所签订的合同，但不包括企业与主管部门签订的租赁承包合同。

⑥货物运输合同。

包括民用航空、铁路运输、海上运输、内河运输、公路运输和联运合同以及作为合同使用的单据。

⑦仓储保管合同。

包括仓储、保管合同以及作为合同使用的仓单、栈单（或称入库单）。对某些使用不规范的凭证不便计税的，可就其结算单据作为计税贴花的凭证。

⑧借款合同。

包括银行及其他金融组织和借款人（不包括银行同业拆借）所签订的借款合同以及只填开借据并作为合同使用的、取得银行借款的借据。融资租赁合同也属于借款合同。

⑨财产保险合同。

包括企业财产保险、机动车辆保险、货物运输保险、家庭财产保险和农牧业保险5类保险合同以及作为合同使用的单据。

⑩技术合同。

包括技术开发、转让、咨询、服务等合同以及作为合同使用的单据。其中，技术转让合同包括专利申请转让、非专利技术转让所书立的合同，但不包括专利权转让、专利实施许可所书立的合同，后者适用于"财产转移书据"合同。技术咨询合同是合同当事人就有关项目的分析、论证、评价、预测和调查订立的技术合同。而一般的法律会计、审计方面的咨询不属于技术咨询，其所立合同不缴纳印花税。

（2）产权转移书据。

产权转移书据是产权所有人和产权受让人之间所订立的民事法律文书，是单位和个人产权的买卖、继承、赠与、交换、分割等所立的书据，包括财产所有权（含股权转移书据）、版权、商标专用权、专利权、专有技术使用权等转移书据。其中，财产所有权转移书据是指经政府管理机关登记注册的不动产、动产的所有权转移所书立的书据，包括股份制企业向社会公开发行的股票，因购买、继承、赠与所书立的产权转移书据。

（3）营业账簿。

这里的营业账簿是指单位和个人按照财务会计制度的要求设置的财务会计账簿。按照营业账簿反映的内容不同，分为记载资金的账簿和其他账簿两类。

①记载资金的账簿，是反映生产经营单位资本金数额增减变化的账簿，包括"实收资本"和"资本公积"账簿。

②其他账簿，是指除上述账簿以外的反映有关其他生产经营活动内容的账簿，包括日记账簿、各种明细账簿和总账账簿。

（4）权利、许可证照。

权利、许可证照是指政府授予单位、个人某种法定权利和准予从事特定经济活动的各种证照的统称，包括政府部门发给的房屋产权证、工商营业执照、商标注册证、专利证、土地使用证等。

（5）经财政部门确定征税的其他凭证。

适用于中国境内，并在中国境内具备法律效力的应税凭证，无论在中国境内或者境外书立，均应依照印花税的规定贴花。

> 请注意
>
> 对于合法的涉及财产、货币的合同、账簿以及各类权利证书、凭证，都要缴纳印花税。

2.3　印花税的税率

印花税税率的设计，遵循"税负从轻，共同负担"的原则，设有比例税率和定额税率两种形式。印花税税目、税率表见表7-6。

（1）比例税率。

在印花税的13个税目中，各类合同和具有合同性质的凭证、产权转移书据、营业账簿中记载资金的账簿，适用比例税率，共4个档次，分别为0.05‰、0.3‰、0.5‰、1‰。

（2）定额税率。

在印花税13个税目中，权利、许可证照和营业账簿税目中的其他账簿，适用定额税率，均为按件贴花，税额为5元。

表7-6 　　　　　　　　　　印花税税目、税率表

类别	税目	范围	税率	纳税人
一、合同	1.购销合同	包括供应、预购、采购、购销结合及协作、调剂、补偿、易货等合同	按购销金额0.3‰贴花	立合同人
	2.加工承揽合同	包括加工、定做、修缮、修理、印刷、广告、测绘、测试合同	按加工或承揽收入的0.5‰贴花	立合同人
	3.建设工程勘察设计合同	包括勘察、设计合同	按收取费用0.5‰贴花	立合同人
	4.建筑安装工程承包合同	包括建筑、安装工程承包合同	按承包金额0.3‰贴花	立合同人
	5.财产租赁合同	包括租赁房屋、船舶、飞机、机动车辆、机械、器具、设备等合同	按租赁额1‰贴花。税额不足1元的按1元贴花	立合同人
	6.货物运输合同	包括民用航空、铁路、运输、渔业运输、内河运输、公路运输和联运的合同	按运输费用0.5‰贴花	立合同人
	7.仓储保管合同	包括仓储、保管合同	按仓储保管费用1‰贴花	立合同人
	8.借款合同	银行及其他金融组织和借款人（不包括银行同业拆借）所签订的借款合同	按借款金额0.05‰贴花	立合同人
	9.财产保险合同	包括财产、责任、保证、信用等保险合同	按收取保险费收入1‰贴花	立合同人
	10.技术合同	包括技术开发、转让、咨询、服务等合同	按所载金额0.3‰贴花	立合同人
二、书据	11.产权转移书据（含股权转让书据）	包括财产所有权和版权、商标专用权、专利权、专有技术使用权等转移书据	所载金额0.5‰贴花	立据人
		股票交易	按交易金额的1‰贴花	立据人
三、账簿	12.营业账簿	生产经营账册	记载资金的账簿按实收资本和资本公积的合计金额0.5‰贴花	立账簿人
		其他账簿	按件贴花5元	
四、证照	13.权利、许可证照	包括政府部门发给的房屋产权证、工商营业执照、商标注册证、专利证、土地使用证	按件贴花5元	领受人

注：自2008年9月19日起，股票交易由双边征收改为单边征收。

3.印花税的计算

印花税税额的计算分别采用从价定率和从量定额两种方法。

3.1 从价定率计算方法

3.1.1 计税依据

（1）各类经济合同，以合同上记载的金额、收入或费用为计税依据。具体如下：

①购销合同的计税依据为合同记载的购销金额。在商品购销活动中，采用以货换货方式进行商品交易签订的合同，是反映既购又销双重经济行为的合同，对此，应按合同所载的购、销合计金额计税贴花。

②加工承揽合同的计税依据为加工或承揽收入金额。

③建设工程勘察设计合同的计税依据为勘察、设计收取的费用。

④建筑安装工程承包合同的计税依据为承包金额。

⑤财产租赁合同的计税依据为租赁金额。

⑥货物运输合同的计税依据为取得的运输费金额（即运费收入）。

⑦仓储保管合同的计税依据为仓储保管费用。

⑧借款合同的计税依据为借款金额。

⑨财产保险合同的计税依据为保险费金额。

⑩技术合同的计税依据为合同所载的价款、报酬或使用费。

（2）产权转移书据，以书据所载金额为计税依据。股份制试点企业向社会公开发行的股票，因购买、继承、赠与所书立的股权转移书据，其计税依据为证券市场当日成交价格。

（3）记载资金的营业账簿，以"实收资本"和"资本公积"的两项合计金额为计税依据。对跨地区经营的分支机构的营业账簿在计税贴花时，为了避免对同一资金重复计税，规定上级单位记载资金的账簿，应按扣除拨给下属机构资金数额后的其余部分计算贴花。

> 请注意 对于记载资金的账簿，如资金发生变化，应按增加额补贴印花税票。

3.1.2 应纳税额的计算

从价定率计征的印花税应缴纳税额的计算公式为：

印花税应纳税额=应税凭证计税金额×适用税率

3.2 从量定额计算方法

（1）计税依据。

对于除了记载资金账簿之外的其他营业账簿和权利、许可证照，以计税凭证的数量为计税依据。

（2）应纳税额的计算。

从量定额计征的印花税应缴纳税额的计算公式为：

印花税应纳税额=凭证数量×单位税额

【例7-7】大明物资公司2017年1月开业，当年发生以下有关业务事项：领受房屋产权证、工商营业执照、土地使用证各1件；与其他企业订立专利技术使用权书据1件，所载金额1 000 000元；订立产品购销合同1份，所载金额为2 000 000元；订立借款合同1份，所载金额4 000 000元；企业记载资金的账簿中，"实收资本""资本公积"账户记载资金为 10 000 000 元，其他营业账簿 10 本。

　　要求：计算该企业 2017 年应缴纳的印花税税额。

【解析】

　　①企业领受权利、许可证照应纳税额：

应纳税额=3×5=15（元）

　　②企业订立产权转移书据应纳税额：

应纳税额=1 000 000×0.5‰=500（元）

　　③企业订立购销合同应纳税额：

应纳税额=2 000 000×0.3‰=600（元）

　　④企业订立借款合同应纳税额：

应纳税额=4 000 000×0.05‰=200（元）

　　⑤企业记载资金账簿应纳税额：

应纳税额=10 000 000×0.5‰=5 000（元）

　　⑥企业其他营业账簿应纳税额：

应纳税额=10×5=50（元）

　　2017 年该企业应纳印花税总额：

应纳印花税总额=15+500+600+200+5 000+50=6 365（元）

3.3　计税依据的特殊规定

　　（1）以"金额""收入""费用"作为计税依据的应当全额计税，不得作任何扣除。

　　（2）同一凭证，载有两个或两个以上经济事项而适用不同税目、税率，如分别记载金额的，应分别计算应纳税额，相加后按合计税额贴花；如未分别记载金额的，按税率高的计税贴花。

　　（3）按金额比例贴花的应税凭证，未标明金额的，应按照凭证所载数量及国家牌价计算金额；没有国家牌价的，按市场价格计算金额，然后按规定税率计算应纳税额。

　　（4）应纳税额不足 1 角的，免纳印花税；1 角以上的，其税额尾数不满 5 分的不计，满 5 分的按 1 角计算。

　　（5）有些合同（如技术转让合同、财产租赁合同等），在签订时无法确定计税金额，可先按定额 5 元贴花，以后结算时再按实际金额计税。

　　（6）应税合同在签订时纳税义务即已产生，应计算应纳税额并贴花。

　　（7）对有营业收入的事业单位，凡属由国家财政拨付事业经费，实行差额预算管理的单位，其记载经营业务的账簿，按其他账簿定额贴花，不记载经营业务的账簿不贴花；凡属经费来源实行自收自支的单位，应对记载资金的账簿和其他账簿分别计算应纳税额。

　　（8）采用以货换货方式进行商品交易签订的合同，应按合同所载的购、销合计金额计税贴花；合同未列明金额的，应按合同所载购、销数量依照国家牌价或者市场价格计算应纳税额。

　　（9）施工单位将自己承包的建设项目分包或转包给其他施工单位所签订的分包合同或者转包合同，应按新的分包合同或转包合同所载的金额计算应纳税额。

　　（10）对国内各种形式的货物联运，凡在起运地统一结算全程运费的，应以全程运费作为计税依据，分别由办理运费结算的各方缴纳印花税。

4.印花税的税收优惠

印花税的税负较轻,按规定税务部门一般不受理纳税人的减免申请。但下列几类凭证可以减免印花税:

(1)法定凭证免税。下列凭证免征印花税:对已纳印花税的凭证的副本或者抄本;财产所有人将财产赠给政府、社会福利单位、学校所立的书据;经财政部门批准免税的其他凭证。

(2)免税额。应纳税额不足1角的,免征印花税。

(3)特定凭证免税。下列凭证,免征印花税:对国家指定的收购部门与村民委员会、农民个人书立的农副产品收购合同;对无息、贴息贷款合同;外国政府或国际金融组织向我国政府及国家金融机构提供优惠贷款所书立的合同。

5.印花税的征收管理

5.1 纳税义务发生时间

印花税应当在书立或领受时贴花。具体是指在合同签订时、账簿启用时和证照领受时贴花。合同是在国外签订的,并且不便在国外贴花的,应在将合同带入境内时办理贴花纳税手续。

5.2 纳税方法

印花税的纳税办法,根据税额大小、贴花次数以及税收征收管理的需要,分别采用以下三种纳税办法。

(1)自行贴花。

纳税人书立、领受或者使用应税凭证的同时,纳税义务即已产生,应根据应纳税凭证的性质和适用的税率,自行计算应纳税额,自行购买印花税票,自行一次贴足印花税票并加以注销或划销。这种办法一般适用于应税凭证较少或同一凭证纳税次数较少的纳税人。

对已经贴花的凭证,修改后所载金额增加的,其增加部分应当补贴印花税票。凡多贴印花税票者,不得申请退税或者抵用。

(2)汇贴或汇缴。

对一份凭证应纳税额超过500元的,应当向当地税务机关申请填写缴款书或者完税凭证,将其中一联粘贴在应税凭证上或者由税务机关在凭证上加注完税标记代替贴花,即"汇贴"。

同一种类应纳税凭证,需频繁贴花的,应向当地税务机关申请按期汇总缴纳印花税。获准汇总交纳印花税的纳税人,应持有税务机关发给的汇缴许可证。汇总交纳的期限由当地税务机关确定,但最长期限不得超过1个月。

(3)委托代征。

委托代征是指通过税务机关的委托,经由发放或者办理应税凭证的单位代为征收印花税税款。工商行政管理机关核发的各类营业执照和商标注册证的同时,负责代售印花税票,并监督领受单位或个人负责贴花。税务机关委托工商行政管理机关代售印花税票,按代售金额5%的比例支付代售手续费。

纳税人不论采用哪一种纳税办法,均应对纳税凭证妥善保存。凭证的保存期限,凡国家已有明确规定的,按规定办理;其余凭证均应在履行完毕后保存1年。

5.3 纳税地点

印花税一般实行就地纳税。对于全国性商品物资订货会（包括展销会、交易会等）上所签订合同应纳的印花税，由纳税人回其所在地后及时办理贴花手续；对地方主办、不涉及省际关系的订货会、展销会上所签合同的印花税，其纳税地点由各省、自治区、直辖市人民政府自行确定。

5.4 印花税的纳税申报表

《印花税纳税申报表》见表7-7。

表7-7　　　　　　　　　　印花税纳税申报表

填表日期：　　　　　　　　　年　月　日

纳税人识别号：　　　　　　　　　　　　　　　　金额单位：元（列至角分）

纳税人名称						税款所属时间				
应税凭证名称	件数	计税金额	税率（单件税额）	应纳税额	已纳税额	应补（退）税额	上期结存	本期购进	本期贴花	本期库存
1	2	3	4	5=2×4 或3×4	6	7=5-6				

如纳税人填报，由纳税人填写以下各栏		如委托代理填报，由代理人填写以下各栏				备注
会计主管（签章）	纳税人（公章）	代理人名称		代理人（公章）		
		代理人地址				
		经办人姓名		电话		
以下由税务机关填写						
收到申报表日期			接收人			

任务六　　　计算与缴纳车辆购置税

情境导入

小张同学的叔叔买了一辆新车，在上牌照时，被要求缴纳车辆购置税，于是咨询小张同学："我已经缴纳了增值税、消费税，为什么还要缴纳车辆购置税啊？车辆购置税应如何计算？在哪里缴纳？"小张同学一下子面对这么多问题，也不是很确定，于是决定要详细了解一下车辆购置税的相关内容。

1.车辆购置税的概念

车辆购置税是在我国境内，对购置应税车辆征收的一种税。

@**知识链接**

车辆购置税的由来

"费改税"是我国财税改革的重点，也是我国积极财政政策的重要内容。车辆购置税就是由车辆购置附加费改革而来的。我国于1985年5月1日开征了车辆购置附加费，专项用于国家公路建设。2001年1月1日，国家将车辆购置附加费改为车辆购置税。《车辆购置税征收管理办法》已经2005年10月25日第7次局务会议审议通过，自2006年1月1日起施行。

2.车辆购置税的基本内容

2.1　征税范围

车辆购置税的征税范围包括汽车、摩托车、电车、挂车、农用运输车。车辆购置税征税范围表见表7-8。

表7-8　　　　　　　　　　　　**车辆购置税征税范围表**

应税车辆	具体车辆	标　　准
汽车	各类汽车	
摩托车	轻便摩托车	最高设计时速不大于50km/h，发动机汽缸总排量不大于50cm³的两个或者三个车轮的机动车
	两轮摩托车	最高设计时速不大于50km/h，或者发动机汽缸总排量不大于50cm³的两个车轮的机动车
	三轮摩托车	最高设计时速不大于50km/h，或者发动机汽缸总排量不大于50cm³、空车重量不大于400kg的三个车轮的机动车
电车	无轨电车	以电能为动力，由专用输电电缆线供电的轮式公共车辆
	有轨电车	以电能为动力，在轨道上行驶的公共车辆
挂车	全挂车	无动力设备，独立承载，由牵引车辆牵引行驶的车辆
	半挂车	无动力设备，与牵引车辆共同承载，由牵引车辆牵引行驶的车辆
农用运输车	三轮农用运输车	柴油发动机，功率不大于7.4kW，载重量不大于500kg，最高车速不大于40km/h的三个车轮的机动车
	四轮农用运输车	柴油发动机，功率不大于28kW，载重量不大于1 500kg，最高车速不大于50km/h的四个车轮的机动车

注：自2004年10月1日起对农用三轮车免征车辆购置税。

2.2　纳税义务人

车辆购置税的纳税人是指在中华人民共和国境内购置应税车辆的所有单位和个人。单位，包括国有企业、集体企业、私营企业、股份制企业、外商投资企业、外国企业以及其他企业和事业单位、社会团体、国家机关、部队以及其他单位；个人，包括个体工商户以及其他个人。

（1）确定车辆购置税的纳税人，要符合以下条件：

①发生了购置车辆的行为（即应税行为）。

②这种行为发生在中国境内（即征税区域）。

③所购置的车辆属于条例规定征税的车辆。

（2）这里的购置行为，包括购买、进口、自产、受赠、获奖或者以其他方式取得并自用应税车辆的行为。

2.3　税率

现行车辆购置税的税率为10%。

3.车辆购置税的计算

车辆购置税实行从价定率、价外征收的方法计征，计算公式为：

应纳税额=计税价格×税率

> **请注意**　自2017年1月1日起至12月31日止，对购置1.6升及以下排量的乘用车减按7.5%的税率征收车辆购置税。自2018年1月1日起，恢复按10%的法定税率征收车辆购置税。

计税价格根据不同情况，按照下列规定确定。

（1）购买自用应税车辆的计税价格。

纳税人购买自用应税车辆的计税价格，为纳税人购买应税车辆而支付给销售者的全部价款和价外费用，不包括增值税税款；纳税人购车发票的价格未扣除增值税税款的，在确定车辆购置税计税依据时，应将其换算为不含增值税的销售价格，即：

计税价格=含增值税的销售价格÷（1+17%）=（全部价款+价外费用）÷（1+17%）

国家税务总局参照应税车辆市场平均交易价格，规定不同类型应税车辆的最低计税价格，也就是确定车辆购置税的征税底限。纳税人购买自用或者进口自用应税车辆，如果计税价格低于最低计税价格，则按最低计税价格计算应纳税额；如果计税价格高于最低计税价格，则按发票上的实际价格计算应纳税额。

【例7-8】王栋2017年3月购买了一辆大众品牌轿车（排气量2.0升）自用，支付价款（含增值税）290 000元，支付购买工具件价款2 500元。国家税务总局对该同类型车辆核定的最低计税价格为230 000元。

要求：计算王某应纳的车辆购置税税额。

【解析】

计税价格=（290 000+2 500）÷（1+17%）=250 000（元）

王栋应纳税额=250 000×10%=25 000（元）

> **请注意**　计税价格不含增值税。

在【例7-8】中，计税价格高于最低计税价格（250 000>230 000），所以应按实际计税价格计算应纳税额。

【例7-9】假设在【例7-8】中，国家税务总局对同类型车辆核定的最低计税价格为280 000元。

要求：计算王栋应缴纳的车辆购置税税额。

【解析】

计税价格=（290 000+2 500）÷（1+17%）=250 000（元）<最低计税价格280 000元

王栋应纳车辆购置税税额=280 000×10%=28 000（元）

（2）纳税人进口自用的应税车辆的计税价格。

纳税人进口自用应税车辆的计税价格计算公式为：

计税价格=关税完税价格+关税+消费税

【例7-10】 李军2017年10月从国外购进一辆名牌小轿车，关税完税价格为500 000元，关税税率为40%，消费税税率为5%，车辆购置税的税率为10%。

要求：计算李军应缴纳的车辆购置税税额。

【解析】

计税价格=关税完税价格+关税+消费税

　　　　=500 000+500 000×40%+（500 000+500 000×40%）÷（1-5%）×5%

　　　　=736 842.11（元）

应纳车辆购置税税额=736 842.11×10%=73 684.21（元）

（3）其他方式取得并自用应税车辆计税价格的确定。

纳税人自产、受赠、获奖和以其他方式取得并自用应税车辆的计税价格，由征收机关参照国家税务总局规定的最低计税价格核定。

【例7-11】 建宏汽车制造厂将一辆自产轿车用于本厂办公，该厂在办理车辆上牌落户时，出具该车的发票注明轿车价值为80 000元，国家税务总局对同类型车辆核定的最低计税价格为110 000元，该厂对作价问题提不出正当理由。

要求：计算该汽车制造厂应纳车辆购置税税额。

【解析】

该厂应纳车辆购置税税额=110 000×10%=11 000（元）

4.车辆购置税的税收优惠

我国车辆购置税实行法定减免税，具体范围是：

（1）外国驻华使馆、领事馆和国际组织驻华机构及其外交人员自用的车辆，免税。

（2）中国人民解放军和中国人民武装警察部队列入军队武器装备订货计划的车辆，免税。

（3）设有固定装置的非运输车辆，免税。

（4）有国务院予以免税或者减税的其他情形的，按照规定免税或者减税。

> 想一想
>
> 同学们，你最喜欢什么品牌、什么型号的小汽车？现在的价格是多少？最低计税价格是多少？如果你要购买的话，需要缴纳的车辆购置税是多少？

5.车辆购置税的申报与缴纳

5.1　纳税义务发生时间

纳税人应当在向公安机关等车辆管理机构办理车辆登记注册手续前，缴纳车辆购置税。

> 请注意
>
> 每辆车辆只征一次车辆购置税。

车辆购置税选择单一环节，实行一次课征制度：购置已征车辆购置税的车辆，不再征收车辆购置税。这就是说，应税车辆在课征车辆购置税后再发生转售、赠送，购买者或受赠者在车辆过户、转籍手续时，不再征收车辆购置税。但减免税车辆因转售、赠送后减免税条件消失的，仍应按规定补征车辆购置税。

5.2　纳税期限

（1）纳税人购买自用的应税车辆，应当自购买之日起60日内申报纳税。

（2）进口自用应税车辆，应当自进口之日起60日内申报纳税。

（3）自产、受赠、获奖和以其他方式取得并自用应税车辆的，应当自取得之日起60日内申报纳税。

（4）免税、减税车辆因转让、改变用途等原因不再属于免税、减税范围的，应当在办理车辆过户手续前或者办理变更车辆登记注册手续前缴纳车辆购置税。车辆购置税税款于纳税人办理纳税申报时一次缴清。

5.3 纳税地点

纳税人购置应税车辆，应当向车辆登记注册地的主管税务机关申报缴纳；购置不需办理车辆登记注册手续的应税车辆，应当向纳税人所在地的主管税务机关申报纳税。

5.4 车辆购置税纳税申报表

《车辆购置税纳税申报表》见表7-9。

表7-9　　　　　　　　　　**车辆购置税纳税申报表**

填表日期：　　　　　　　　　年　月　日　　　　　行业代码：　　注册类型代码：

纳税人名称：　　　　　　　　　　　　　　　　　　　　　　　金额单位：元

纳税人证件名称			证件号码		
联系电话		邮政编码		地址	
车辆基本情况					
车辆类别		1.汽车　2.摩托车　3.电车　4.挂车　5.农用运输车			
生产企业名称		机动车销售统一发票（或有效凭证）价格			
厂牌型号		关税完税价格			
发动机号码		关税			
车辆识别代号		消费税			
购置日期		免（减）税条件			
申报计税价格	计税价格	税率	免税、减税额		应纳税额
1	2	3	4=2×3		5=1×3或2×3

申报人声明	授权声明
此纳税申报表是根据《中华人民共和国车辆购置税暂行条例》的规定填报的，我相信它是真实的、可靠的、完整的。 　　　　　　　声明人签字：	如果你已委托代理人申报，请填写以下资料： 为代理一切税务事宜，现授权_____，地址_____为本纳税人的代理申报人，任何与本申报表有关的往来文件，都可寄予此人。 　　　　　　　　　　　　　授权人签字：

纳税人签名或盖章	如委托代理人的，代理人应填写以下各栏		
	代理人名称		代理人（章）
	地址		
	经办人		
	电话		
接收人： 接收日期：	主管税务机关（章）		

任务七	计算与缴纳车船税

情境导入

> 　　小张同学在帮叔叔给新买的车买保险时，发现里面有一项是车船税，小张同学刚了解了"车辆购置税"，心想："车船税与车辆购置税区别在哪？又有什么作用呢？"于是，小张同学了解了一下车船税的纳税人、征税范围、税率和计算方法以及车船税的申报缴纳工作。

1. 车船税的概念

车船税是对在中华人民共和国境内的车辆、船舶（以下简称车船）的所有人或者管理人征收的一种税。车船税属于财产税，征收车船税一方面可以加强对车船使用的管理，促进车船的合理配置；另一方面还可以调节财富分配，体现社会公平。现行的《中华人民共和国车船税法》由中华人民共和国第十一届全国人民代表大会常务委员会第十九次会议于2011年2月25日通过，自2012年1月1日起施行。《中华人民共和国车船税法实施条例》经2011年11月23日国务院第182次常务会议通过，自2012年1月1日起施行。2013年7月26日，《国家税务总局关于车船税征管若干问题的公告》（国家税务总局公告2013年第42号），对相关问题进行了调整。2015年11月26日，国家税务总局发布了《车船税管理规程（试行）》，自2016年1月1日起施行。

2. 车船税的基本内容

2.1 纳税义务人

车船税的纳税人是指在我国境内车辆、船舶的所有人或管理人。

管理人，指对车船具有管理使用权，不具有所有权的单位。

> **想一想**
> 为什么规定可以由保险机构代收代缴机动车的车船税？

应税车船的所有人或管理人未缴纳车船税的，应由使用人代为缴纳车船税。纳税人向税务机关申报车船税，税务机关应当受理，并向纳税人开具含有车船信息的完税凭证。从事机动车交通事故责任强制保险业务的保险机构可以作为机动车车船税的扣缴义务人，纳税人可在购买机动车交通事故责任强制保险的同时缴纳车船税。

2.2 征税范围

车船税的征税范围，是依法在公安、交通、农业、渔业、军事等车船管理部门登记的车船，具体可分为车辆和船舶两大类。

（1）车辆。

车辆为机动车，包括载客汽（电）车、载货汽车、三轮汽车、低速货车、专项作业车和轮式专用机械车、摩托车。

（2）船舶。

船舶包括机动船、拖船、非机动驳船等。

2.3 税率

车船税采用定额税率，又称固定税额。为平衡不同种类、等级车辆与船舶的税收负担，考虑各地的经济发展水平，车船税采用分类分级幅度定额税率。车船税税目税额表见表7-10。

表7-10　　　　　　　　　　　　　　**车船税税目税额表**

税　目		计税单位	年基准税额	备　注
乘用车（按发动机汽缸容量（排气量）分档）	1.0升（含）以下的	每辆	60元至360元	核定载客人数9人（含）以下
	1.0升至1.6升（含）的	每辆	300元至540元	
	1.6升至2.0升（含）的	每辆	360元至660元	
	2.0升至2.5升（含）的	每辆	660元至1 200元	
	2.5升至3.0升（含）的	每辆	1 200元至2 400元	
	3.0升至4.0升（含）的	每辆	2 400元至3 600元	
	4.0升以上的	每辆	3 600元至5 400元	
商用车	客车	每辆	480元至1 440元	核定载客人数9人以上，包括电车
	货车	整备质量（每吨）	16元至120元	1.包括半挂牵引车、三轮汽车和低速载货汽车等；2.挂车按照货车税额的50%计算
其他车辆	专业作业车	整备质量（每吨）	16元至120元	不包括拖拉机
	轮式专用机械车	整备质量（每吨）	16元至120元	
摩托车		每辆	36元至180元	
船舶	机动船舶	净吨位（每吨）	3元至6元	拖船、非机动驳船分别按照机动船舶税额的50%计算
	游艇	艇身长度（每米）	600元至2 000元	

3.车船税的计算

3.1　计税依据

车船税实行从量计征的方法。按车船的种类和性能，分别确定了辆、自重吨位、净吨位3种计税标准。

（1）乘用车、商用客车和摩托车，以每辆为计税依据。

（2）商用货车、专用作业车和轮式专用机械车，按整备质量（每吨）为计税依据。

（3）机动船舶、非机动驳船、拖船，按净吨位（每吨）为计税依据。机动船的净吨位是指在其总吨位数里，减去驾驶间、轮机间、船员住室等占用容积所余的吨位。

（4）游艇，按艇身长度（每米）为计税依据。

3.2　应纳税额的计算

（1）乘用车、商用车客车和摩托车应纳税额的计算公式：

应纳税额＝应税车辆数量×单位税额

（2）商用货车、专用作业车和轮式专用机械车应纳税额的计算公式：

应纳税额＝整备质量吨位数×单位税额

（3）船舶应纳税额的计算公式：

应纳税额＝净吨位数×单位税额

（4）拖船、非机动驳船应纳税额的计算公式：

应纳税额＝净吨位数×单位税额×50%

（5）游艇应纳税额的计算公式：

应纳税额＝艇身长度×单位税额

【例7-12】运通公司2017年拥有载货汽车12辆（货车载重净吨位为10吨）；乘用大客车25辆；小客车10辆。计算该公司2017年应纳车船税。假设当地核定载货汽车每吨年税额为80元，乘用大客车每辆年税额500元，小客车每辆年税额400元。

要求：计算该公司的应纳车船税额。

【解析】

载货汽车应纳税额＝12×10×80＝9 600（元）

乘用客车应纳税额＝25×500+10×400＝16 500（元）

全年应纳车船税额＝9 600+16 500＝26 100（元）

【例7-13】泛洋航运公司2017年拥有机动船20艘，其中净吨位数为600吨的6艘，2 500吨的14艘。已知单位税额分别为净吨位600吨的4元/吨，净吨位2 500吨的5元/吨。

要求：计算该公司2017年应纳车船税。

【解析】

应纳车船税＝6×600×4+14×2 500×5＝189 400（元）

4.车船税的税收优惠

车船税的主要免税项目如下：

（1）捕捞、养殖渔船。

（2）军队、武装警察部队专用的车船。

（3）警用车船：是指公安机关、国家安全机关、监狱、劳动教养管理机关和人民法院、人民检察院领取警用牌照的车辆和执行警务的专用船舶。

（4）依照我国有关法律和我国缔结或者参加的国际条约的规定应当予以免税的外国驻华使领馆、国际组织驻华代表机构及其有关人员的车船。

（5）对节约能源、使用新能源的车船可以免征或者减半征收车船税。免征或者减半征收车船税的车船范围，由国务院财政、税务主管部门制定，报国务院批准。节约能源、使用新能源的车辆包括纯电动汽车、燃料电池汽车和混合动力汽车。纯电动汽车、燃料电池汽车和插电式混合动力汽车免征车船税，其他混合动力汽车按照同类车辆适用税额减半征税。

（6）对受地震、洪涝等严重自然灾害影响纳税困难以及其他特殊原因确需减免税的车船，可以在一定期限内减征或者免征车船税。具体减免期限和数额由省、自治区、直辖市人民政府确定，报国务院备案。

（7）省、自治区、直辖市人民政府可以根据当地实际情况，可以对公共交通车船，农村居民拥有并主要在农村地区使用的摩托车、三轮汽车和低速载货汽车定期减征或者免征车船税。

@ 知识链接

非机动驳船也要缴纳车船税

非机动驳船自身没有动力装置，需要依靠外力驱动，属于非机动船，但仍然需要缴纳车船税。这是因为，非机动驳船与载货汽车挂车类似，都需要与拖船或牵引车等其他车船连接，才能发挥运输功能。而目前，公安交通管理部门对载货汽车挂车是按照机动车管理的，需要进行登记并核发单独的牌照，按照《中华人民共和国车船税法实施条例》的规定，需要缴纳车船税。因此，为了公平税负，非机动驳船也应缴纳车船税。

5. 车船税的征收管理

5.1　纳税义务发生时间

车船税的纳税义务时间，为车船管理部门核发的车船登记证书或者行驶证书所记载日期的当月。

5.2　纳税期限

车船税按年申报缴纳。具体申报期限由省、自治区、直辖市人民政府确定。

购置的新车船，购置当年的应纳税额自纳税义务发生的当月起按月计算。应纳税额为年应纳税额除以12再乘以应纳税月份。

5.3　纳税地点

车船税由地方税务机关负责征收。纳税地点由省、自治区、直辖市人民政府根据当地实际情况确定。跨省、自治区、直辖市使用的车船，纳税地点为车船的登记地。

5.4　纳税方法

车船税缴纳有两种方法：一是由经营机动车交通事故强制保险的保险机构代收代缴；二是由纳税人按规定时间自行到税务机关缴纳，纳税人在购买交强险时已缴纳车船税的，不再申报纳税。

5.5　车船税的扣缴与管理

（1）车船的所有人或者管理人未缴纳车船税的，使用人应当代为缴纳。

（2）从事机动车交通事故责任强制保险业务的保险机构为机动车车船税的扣缴义务人，应当依法代收代缴车船税。机动车车船税扣缴义务人在代收车船税时，应当在机动车交通事故责任强制保险的保险单以及保费发票上注明已收税款的信息，作为代收税款凭证。

（3）已完税或者依法减免税的车辆，纳税人应当向扣缴义务人提供登记地的主管税务机关出具的完税凭证或者减免税证明。

（4）纳税人没有按照规定期限缴纳车船税的，扣缴义务人在代收代缴税款时，可以一并代收代缴欠缴税款的滞纳金。

（5）扣缴义务人已代收代缴车船税的，纳税人不再向车辆登记地的主管税务机关申报缴纳车船税。

（6）机动车车船税的扣缴义务人依法代收代缴车船税时，纳税人不得拒绝。没有扣缴义务人的，纳税人应当向主管税务机关自行申报缴纳车船税。

（7）税务机关付给扣缴义务人代收代缴手续费的标准由国务院财政部门、税务主管部门制定。

各级车船管理部门应当在提供车船管理信息等方面，协助地方税务机关加强对车船税的征收管理。

思考题

1. 城市维护建设税的征税范围、纳税人及税率是如何规定的？

2. 确定城市维护建设税的计税依据是什么，如何计算其应纳税额？

3. 城市维护建设税如何进行申报与缴纳？

4. 教育费附加的征收范围、纳税人及征收率是如何规定的？

5. 确定教育费附加的计税依据是什么，如何计算教育费附加金额？

6. 什么是房产税？

7. 房产税的计税依据是什么？

8. 城镇土地使用税的计税依据是什么？

9. 城镇土地使用税的纳税人是如何规定的？

10. 契税的征税范围是什么？

11. 契税的计税依据是什么？

12. 印花税的征税范围包括哪些？

13. 印花税的纳税人包括哪些？

14. 车辆购置税的纳税人是谁？征税范围是如何规定的？

15. 车辆购置税的计税价格是如何确定的？

16. 车船税的征税范围是如何规定的？

实训题

1. 大友公司位于上海市的市区，2017年6月实际缴纳增值税20万元，同时缴纳的消费税为12万元。

要求：计算大友公司2017年6月份应缴纳的城市维护建设税和教育费附加。

2. 某化妆品有限公司位于北京市市区，为增值税一般纳税人，适用的增值税税率为17%，消费税税率为30%，2017年9月有关生产经营业务如下：

（1）销售A化妆品给某商场，开具增值税专用发票，取得不含税销售额200万元。

（2）销售B化妆品，开具普通发票，取得含税销售额35.1万元。

（3）购进原材料取得增值税专用发票，注明支付的货款100万元，另外，支付购货的运输费用10万元，取得运输公司开具的普通发票。

要求：计算化妆品公司当月应缴纳的城市维护建设税和教育费附加。

3.甲企业2017年在其所在城市市区有房屋三幢，其中两幢用于本企业生产经营，两幢房产账面原值共600万元；另外一幢房屋租给乙企业年租金收入为25万元（当地政府规定允许按房产原值一次扣除30%）。

要求：计算甲企业2017年应缴纳的房产税。

4.某公司下属的一个劳动服务公司与某学校校办工厂合用一块面积为800平方米的用地，其中劳动服务公司占用了500平方米，其余为校办工厂实际占用，该地区城镇土地使用税年单位税额为每平方米5元，由当地税务机关每季度征收一次。

要求：分别计算两单位每次应纳城镇土地使用税税额。

5.居民甲从居民乙处购买一所住房，成交价格为450 000元；将该住房与居民丙交换成两处一室住房，并支付换房差价款30 000元。居民丙取得房款后，又将该房屋等价交换给居民丁。

要求：计算甲、乙、丙、丁相关行为应缴纳的契税（假定该省契税税率为3%）。

6.兴隆经贸有限公司2017年年初总分类账记载的实收资本为10 000 000元，本年增加实收资本100 000元，另设置其他营业明细账14本，企业法人营业执照1个，土地使用证一个。

要求：计算该企业2017年度应缴纳的印花税。

7.红星公司2017年5月开业，本月发生了以下经济活动：

（1）领受工商执照、房产证、土地使用证和税务登记证。

（2）订立购货合同一份，注明金额为400 000元。

（3）订立租房合同一份，租期3年，每年租金180 000元。

（4）与市工商行签订借款合同，合同总金额为4 000 000元。

（5）与某建筑公司签订一项建筑工程承包合同，金额为5 000 000元。

（6）与宏远公司签订非专利技术转让合同，价款为500 000元。

（7）企业记载资金的账簿中，"实收资本""资本公积"账户记载资金为10 000 000元，其他营业账簿10本。

要求：计算该公司2017年度应缴纳的印花税。

8.李鸿钧购入一辆全新的宝马轿车（排气量3.0升）自用，所付的价款（含增值税）共627 000元。

要求：计算李鸿钧应缴纳的车辆购置税。

9.青岛市海洋运输公司2017年1月拥有载重8吨的汽车10辆，载重5吨的汽车5辆，大客车8辆，中型客车4辆，小轿车3辆；机动船舶2艘，其中净吨位10 000吨的机动船一艘，净吨位5 000吨的机动船一艘。8月份新购进大客车2辆，净吨位1 000吨的机动船2艘，净吨位450吨的非机动船2艘，当月取得有关部门核发的登记证并投入使用。根据有关规定，当地车船税年税额为：载重汽车每吨96元，大客车每辆600元，中型客车每辆480元，小轿车每辆420元；船舶净吨位201吨～2 000吨，每吨4元，2 001吨～10 000吨，每吨5元。

要求：

（1）计算该公司8月份外购车辆、船舶当年应缴纳的车船税。

（2）计算该公司所拥有的车辆本年应缴纳的车船税。

（3）计算该公司所拥有的船舶本年应缴纳的车船税。

项目八
税收征收管理法律制度

项目导学

　　本项目的学习任务主要有税务管理、税款征收、税务检查、税收法律责任。通过对本项目的学习，要求达到以下目标：
　　◆了解税务管理的基本内容；
　　◆掌握税款征收的基本内容；
　　◆熟悉税务检查及常见的税收法律责任。

项目描述

　　税收征收管理法律制度是我国税法法律体系的重要组成部分，它的主要作用是加强税收征收管理，规范税收征收和缴纳行为，保护纳税人的合法权益，保障国家税收收入的稳定，以此促进国家经济的发展和人民生活水平的提高。
　　税收征管的主要内容有税务管理、税款征收、税务检查以及相应的法律责任。其中，税务管理是基础，税款征收是重点，税务检查是手段，法律责任是保障。
　　税款征收是税收征管的核心内容和中心环节，主要采用：查账征收、查定征收、查验征收、定期定额征收、委托代征税款和邮寄纳税等几种形式。
　　税务检查主要包括：重点检查、专项检查、分类检查、集中检查和临时检查。
　　税收法律责任的形式包括：民事法律责任形式、行政法律责任形式和刑事法律责任形式。

项目分析

　　税款征收是本项目的重点和难点。在实际工作中，纳税人负有法定纳税义务，税务机关有责任、有义务监督纳税人的税款缴纳情况。为确保顺利征收税款，税务机关在税款征收过程中，可以根据不同的情况采取不同的措施：由税务机关核定调整应纳税额、责令缴纳或加收滞纳金、责令提供纳税担保、采取税收保全措施、采取强制执行措施、阻止出境等。以此维护国家税收征收管理法律制度的严肃性，保证财政收入的来源。

任务一　　　　　　　　　税务管理

情境导入

小张同学经过半年的实习，已经初步掌握了我国主要税种的征税范围和应纳税额的计算。在实习过程中，小张同学了解到税务代理公司除了代理纳税申报工作之外，还会经常代理企业的税务登记办理工作，这对于小张同学来说是一个相对陌生的领域，他决定跟师傅好好学习一下有关税务管理方面的知识，以胜任更多的工作。

税收征收管理，是指国家税务机关，在组织税收全过程中的工作环节、程序和方法；而税收征收管理法律制度，则是国家规定与调整税务机关和纳税义务人在征纳活动中的程序和责任的法律规范的总称。

《中华人民共和国税收征收管理法》已由中华人民共和国第九届全国人民代表大会常务委员会第二十一次会议于2001年4月28日修订通过，修订后的《中华人民共和国税收征收管理法》自2001年5月1日起施行。2012年和2015年全国人民代表大会常务委员会对其又进行了两次修订。2002年9月7日，国务院发布了《中华人民共和国税收征收管理法实施细则》，并在2012年和2013年对其进行了两次修订。《中华人民共和国税收征收管理法》（简称《税收征管法》）及其实施细则适用于依法由税务机关征收的各种税收的征收管理。

1.税务管理的概念

税务管理是国家及其税务机关为了贯彻、执行税收法律制度，加强税收工作，依据客观经济规律和税收分配的特点，对税收分配的全过程进行决策、计划、组织、监督和协调，以保证税收职能得以实现的一种管理活动。税务管理主要包括税务登记管理、账簿和凭证管理、纳税申报三个方面的内容。这三个方面构成整个纳税关系的基础，是处理征纳关系的主要法律依据和内容。

2.税务登记管理

2.1　税务登记的概念

税务登记又称纳税登记，是指税务机关根据税法规定，对纳税人的生产、经营活动进行登记管理的一项法定制度，也是纳税人依法履行纳税义务的法定手续。它是税务机关对纳税人实施税收管理的首要环节和基础工作，是征纳双方法律关系成立的依据和证明，也是纳税人必须依法履行的义务。

2.2　税务登记的范围

按照《税收征管法》及其实施细则和《税务登记管理办法》的有关规定，办理税务登记的范围是指企业，企业在外设立的分支机构和从事生产、经营的场所，个体工商户和从事生产、经营的事业单位，除国家机关、个人（自然人）和无固定生产、经营场所的流动性农村小商贩外的纳税人，都应当申报办理税务登记。国家机关所属事业单位有经营行为、取得应税收入、财产、所得的，也应当办理税务登记。

根据税收法律规定，负有扣缴税款义务的扣缴义务人（国家机关除外），也应当办理扣缴税务登记。

税务登记实行属地管理，纳税人应当到生产、经营所在地或者纳税义务发生地的主管税务机关申报办理税务登记。非独立核算的分支机构也应当按照规定分别向生产经营所在地税务机关办理税务登记。

2.3　税务登记的种类

我国税务登记制度的主要种类有：设立税务登记（又称开业税务登记）、变更税务登记、注销税务登记、外出经营报验登记及停业、复业登记。

2.3.1　设立税务登记

设立税务登记是指从事生产、经营活动的纳税人自领取营业执照或其他纳税人依照法律、行政法规的规定成为纳税义务人之后首次进行的税务登记。

（1）设立税务登记的对象。

根据规定，需要办理开业税务登记的纳税人分以下两类：

①领取营业执照，从事生产、经营的纳税人。

②其他纳税人。根据规定，不从事生产、经营，但依照法律、法规的规定负有纳税义务的单位和个人，除国家机关、个人和无固定生产、经营场所的流动性农村小商贩以外的，都应按规定向税务机关办理税务登记。

（2）设立税务登记的时限规定。

①从事生产、经营的纳税人，应当自领取营业执照之日起30日内，向生产、经营地或者纳税义务发生地的主管税务机关申报办理税务登记，如实填写税务登记表，并按照税务机关的要求提供有关证件、资料。

②除上述纳税人以外的其他纳税人，除国家机关和个人外，应当自纳税义务发生之日起30日内，持有关证件向所在地主管税务机关申报办理税务登记。

（3）设立税务登记应提供的资料。

①工商营业执照或其他核准的执业证件。

②有关章程、合同、协议书。

③组织机构统一代码证书。

④法定代表人或业主居民身份证、护照或者回乡证等其他合法证件。

⑤国家税务机关要求提供的其他有关证件、资料。

（4）税务登记表的填写。

纳税人在办理开业税务登记时，应如实填写税务登记表。《税务登记表》（适用于单位纳税人）见表8-1。

2.3.2　变更税务登记

变更税务登记是指纳税人办理税务登记后，原税务登记内容发生了变化，需要到主管税务机关变更原来登记内容的一种制度。

（1）变更税务登记适用的范围。

纳税人在办理税务登记后，发生下列情形之一的，应当办理变更税务登记：

①纳税人改变单位名称或法定代表人。

②纳税人改变经济性质、隶属关系。

表 8-1 　　　　　　　　　　　　　**税务登记表**

（适用于单位纳税人）

填表日期：　　年　月　日

纳税人名称			纳税人识别号			
登记注册类型			批准设立机关			
组织机构代码			批准设立证明或文件号			
开业（设立）日期		生产经营期限		证照名称		证照号码
注册地址			邮政编码		联系电话	
生产经营地址			邮政编码		联系电话	
核算方式	请选择对应项目打"√" □独立核算　□非独立核算				从业人数	其中外籍人数____
单位性质	请选择对应项目打"√" □企业　□事业单位　□社会团体　□民办非企业单位 □其他					
网站网址			国标行业	□□□□□　□□□□□ □□□□□　□□□□□		
适用会计制度	请选择对应项目打"√" □企业会计制度　□小企业会计制度　□金融企业会计制度　□行政事业单位会计制度					
经营范围			请将法定代表人（负责人）身份证件复印件粘贴在此处。			

项目	姓名	身份证件		固定电话	移动电话	电子邮箱
		种类	号码			
法定代表人						
财务负责人						
办税人						

税务代理人名称		纳税人识别号		联系电话	电子邮箱

续表

注册资本或投资总额	币种	金额	币种	金额	币种	金额

投资方名称	投资方经济性质	投资比例	证件种类	证件号码	国籍或地址	

自然人投资比例		外资投资比例		国有投资比例	
分支机构名称		注册地址		纳税人识别号	

总机构名称		纳税人识别号	
注册地址		经营范围	
法定代表人姓名	联系电话		注册地址邮政编码
代扣代缴、代收代缴税款业务情况	代扣代缴、代收代缴税款业务内容		代扣代缴、代收代缴税种

附报资料:

经办人签章: 年 月 日	法定代表人(负责人)签章: 年 月 日	纳税人公章: 年 月 日 年 月 日

以下由税务机关填写:

纳税人所处街乡			隶属关系	
国税主管税务局		国税主管税务所(科)		是否属于国税、地税共管户
地税主管税务局		地税主管税务所(科)		

经办人(签章): 国税经办人: 地税经办人: 受理税务机关(章): 年 月 日	国家税务登记机关 (税务登记专用章): 核准日期: 年 月 日	地方税务登记机关 (税务登记专用章): 核准日期: 年 月 日

国税核发《税务登记证副本》数量: 本   发证日期: 年   月   日

③纳税人改变住所或经营地点。

④纳税人改变经营范围、经营方式和经营期限。

⑤纳税人改变开户银行或账号、工商证照。

（2）变更税务登记的时间要求。

税务登记内容发生变化时，纳税人在工商行政管理机关办理注册登记的，应当自工商行政管理机关办理变更登记之日起30日内，持有关证件向原税务登记机关申报办理变更、重新登记；按照规定纳税人不需要在工商行政管理机关办理注册登记的，应当自有关机关批准或者宣布变更之日起30日内，持有关证件向原税务登记机关申报变更税务登记。

2.3.3　注销税务登记

注销税务登记是指纳税人发生纳税义务终止或者作为纳税主体资格消亡，因其住所、经营地点变动而涉及改变主管税务机关情形时，依法向原税务登记机关申报办理的注销登记。

（1）注销税务登记的适用范围。

①纳税人发生解散、破产、撤销以及其他情形，依法终止纳税义务的。

②纳税人因住所或生产、经营场所变动而涉及改变税务机关的。

③纳税人被工商行政机关吊销营业执照的。

（2）注销税务登记的时间要求。

纳税人发生解散、破产、撤销以及其他情形，依法终止纳税义务的，应在向工商行政机关办理注销登记前，向原税务机关申报办理注销税务登记。按照规定不需要在工商行政管理机关或其他机关办理注销登记的，被工商行政机关吊销营业执照的或其他机关予以撤销登记的，应当自有关机关批准或者宣告终止之日起及自营业执照被吊销登记之日起15日内，向原税务机关申报办理注销税务登记。

纳税人因住所或生产、经营地点变动，涉及改变税务登记机关的，应当在向工商行政管理机关或者其他机关申请办理变更、注销登记之前，向原税务机关申报办理注销税务登记。

纳税人办理注销税务登记前，应向税务机关提交相关证明文件和资料，结清应纳税款、多退（免）税款、滞纳金和罚款，缴销发票、税务登记证和其他税务证件。

2.3.4　外出经营报验登记

外出经营报验登记是指从事生产经营的纳税人到外县（市）从事临时生产、经营活动时，按规定申报办理的税务登记手续。

纳税人需到外县（市）从事经营活动的，可持相关资料、证明到主管税务机关申请办理《外出经营税收管理证明》（简称《外管证》）。主管税务机关负责税务登记管理环节的部门受理纳税人填写的申请，经审核无误后，按照一地一证的原则核发《外管证》。外出销售货物的，证明有效期一般为30日；从事生产、经营的纳税人外出经营，在同一地累计超过180天的，应当在营业地办理税务登记手续。外出经营活动结束，纳税人应向外出经营地税务机关填报"外出经营活动情况申报表"，纳税人结清应纳税款、缴销未使用发票。纳税人应于《外管证》有效期届满10日内持《外管证》回原税务登记机关办理核销手续。

2.3.5　停业、复业税务登记

停业、复业税务登记，是指实行定期定额征收方式纳税人，因自身经营的原因需要暂停营业或恢复经营而向税务机关申请办理的税务登记手续。

实行定期定额征收方式的个体工商户需要停业的，应当向税务登记机关办理停业登记。纳税人的停业期限不得超过一年。办理停业登记的个体工商户，应当在恢复生产经营之前向税务登记机关申报办理复业登记。

纳税人在停业期间发生纳税义务的，应当按照税收法律、法规规定申报缴纳税款。

3.账簿和凭证的管理

账簿，是纳税人用来连续地登记各种经济业务的账册或簿籍。凭证是记录经济业务，明确经济责任的书面证明，也是记账和查账的重要根据。账簿凭证是纳税人记载、核算应缴税额，填报纳税申报表的主要数据来源。纳税人所使用的凭证账簿以及编制的报表是否真实可靠关系到计税依据的真实性，是纳税人正确履行纳税义务的基础环节。

3.1　账簿的设置管理

（1）从事生产、经营的纳税人自领取营业执照之日起15日内设置账簿。账簿的种类包括总账、明细账、日记账和其他辅助性账簿。总账、日记账必须采用订本式。

（2）扣缴义务人应当自扣缴义务发生之日起10日内，按照所代扣、代收的税种，分别设置代扣代缴、代收代缴税款账簿。

（3）生产经营规模小又确无建账能力的个体工商户，可以聘请注册会计师或者经税务机关认可的财会人员代为建账和办理账务；聘请注册会计师或者经税务机关认可的财会人员有实际困难的，经县以上税务机关批准，能够按照税务机关的规定，建立收支凭证粘贴簿、进货销货登记簿等。

3.2　对纳税人会计制度和处理办法的管理

（1）从事生产、经营的纳税人应当自领取税务登记证件之日起15日内，将其财务、会计制度或者财务、会计处理办法报送税务机关备案。

（2）纳税人、扣缴义务人采用计算机记账的，应当在使用前将其记账软件、程序和使用说明书及有关资料报送主管税务机关备案。

（3）账簿、会计凭证和报表，应当使用中文。民族自治地方能够同时使用当地通用的一种民族文字。外商投资公司和外国公司能够同时使用一种外国文字。

（4）从事生产、经营的纳税人的财务、会计制度或者财务、会计处理办法与国务院或者国务院财政、税务主管部门有关税收的规定抵触的，依照国务院或者国务院财政、税务主管部门有关税收的规定计算纳税。

3.3　账簿、凭证的保存和管理

纳税人、扣缴义务人对各类账簿、会计凭证、报表、完税凭证、发票、出口凭证及其他有关纳税资料应当保存10年。但是，法律、行政法规另有规定的除外。

3.4　发票的开具与管理

（1）发票的概念。

发票，是指在购销商品、提供或者接受服务以及从事其他经营活动中，开具、收取的收付款凭证。它是确定经济收支行为的法定凭证，是税务稽查的重要依据。

国家税务机关负责发票的印制、领购、开具、取得、保管、缴销的管理和监督。

（2）发票的种类。

发票的种类繁多，按行业特点和纳税人的生产经营项目分类，划分为增值税专用发票、普通发票和专业发票三种。

①增值税专用发票。

增值税专用发票是指专门用于结算销售货物和提供加工、修理修配劳务使用的一种发票。增值税专用发票只限于增值税一般纳税人领购使用，增值税小规模纳税人不得领购使用。

②普通发票。

普通发票主要由增值税小规模纳税人使用，增值税一般纳税人在不能开具专用发票的情况下也可使用普通发票。

普通发票由行业发票和专用发票组成。行业发票适用于某个行业的经营业务，如商业零售统一发票、商业批发统一发票、工业企业产品销售统一发票等；专用发票适用于某一经营项目，如广告费用结算发票、商品房销售发票等。

③专业发票。

专业发票是指国有金融、保险企业的存贷、汇兑、转账凭证、保险凭证；国有邮政、电信企业的邮票、邮单、话务、电报收据；国有铁路、国有航空企业和交通部门、国有公路、水上运输企业的客票、货票等。专业发票是一种特殊种类的发票，但不套印发票监制章。

（3）发票的印制。

根据有关法律、法规的规定，增值税专用发票由国务院税务主管部门确定的企业印制；其他发票，按照国务院税务主管部门的规定，由省、自治区、直辖市税务机关确定的企业印制。禁止私自印制、伪造、变造发票。发票应当套印全国统一发票监制章。全国统一发票监制章的式样和发票版面印刷的要求，由国务院税务主管部门规定。全国统一发票监制章是税务机关管理发票的法定标志，其形状、规格、内容、印色由国家税务总局规定。发票监制章由省、自治区、直辖市税务机关制作。禁止伪造发票监制章。发票实行不定期换版制度。

（4）发票的领购。

依法办理税务登记的单位和个人在领取税务登记证件以及依法不需要办理税务登记的单位，可以向主管税务机关申请领购发票。需要临时使用发票的单位和个人，可直接向税务机关申请办理。临时到本省、自治区、直辖市以外从事经营活动的单位或者个人，应当凭所在地税务机关的证明，向经营地税务机关提供保证人或不超过1万元的保证金，申请领购经营的发票。

领购发票的单位和个人，应当持税务登记证件、经办人身份证明、按照国务院税务主管部门规定式样制作的发票专用章的印模，向主管税务机关办理发票领购手续。经办人身份证明是指经办人的居民身份证、护照或者其他能证明经办人身份的证件。发票专用章是指用票单位和个人在其开具发票时加盖的有其名称、税务登记号、发票专用章字样的印章。

（5）发票的开具和保管。

销售商品、提供服务以及从事其他经营活动的单位和个人，对外发生经营业务收取款项，收款方应当向付款方开具发票；特殊情况下，由付款方向收款方开具发

请注意 未发生经济业务一律不准开具发票。

票。所有单位和从事生产、经营活动的个人在购买商品、接受服务以及从事其他经营活动支付款项，应当向收款方取得发票。取得发票时，不得要求变更品名和金额。不符合规定的发票，不得作为财务报销凭证，任何单位和个人有权拒收。

开具发票应当按照规定的时限、顺序、栏目，全部联次一次性如实开具，并加盖发票专用章。单位和个人在开具发票时，必须做到按照号码顺序填开，填写项目齐全，内容真实，字迹清楚，全部联次一次打印，内容完全一致，并在发票联和抵扣联加盖发票专用章。开具发票应当使用中文，民族自治地方可以同时使用当地通用的一种民族文字。

任何单位和个人不得转借、转让、代开发票，未经税务机关批准拆本使用发票；不得扩大发票使用范围；禁止倒卖发票、发票监制章和发票防伪专用品。

除国务院税务主管部门规定的特殊情形外，发票限于领购单位和个人在本省、自治区、直辖市内开具。省、自治区、直辖市税务机关可以规定跨市、县开具发票的办法。

除国务院税务主管部门规定的特殊情形外，任何单位和个人不得跨规定的使用区域携带、邮寄、运输空白发票。规定的使用区域是指国家税务总局和省税务机关规定的区域。禁止携带、邮寄或者运输空白发票出入境。

开具发票的单位和个人应当建立发票使用登记制度，设置发票登记簿，并定期向主管税务机关报告发票使用情况。

开具发票的单位和个人应当在办理变更或者注销税务登记的同时，办理发票和发票领购簿的变更、缴销手续。

开具发票的单位和个人应当按照税务机关的规定存放和保管发票，不得擅自损毁。已经开具的发票存根联和发票登记簿，应当保存5年。保存期满，报经税务机关查验后销毁。使用发票的单位和个人应当妥善保管发票。发生发票丢失情形时，应当于发现丢失当日书面报告税务机关，并登报声明作废。

@ 知识链接

增值税专用发票和普通发票的区别

增值税专用发票与普通发票的区别在于：取得发票的纳税人是否可以依法抵扣进项税额。对于增值税专用发票，购货方可以凭抵扣联，依法申报认证抵扣进项税额，而凭普通发票，购货方不能抵扣进项税额。

1.印制要求不同。根据《税收征管法》的规定，"增值税专用发票由国务院税务主管部门指定的企业印制；其他发票，按照国务院主管部门的规定，分别由省、自治区、直辖市国家税务局、地方税务局指定企业印制。未经前款规定的税务机关指定，不得印制发票"。

2.使用的主体不同。增值税专用发票一般只能由增值税一般纳税人领购使用，小规模纳税人需要使用的，只能经税务机关批准后由当地的税务机关代开；普通发票则可以由从事经营活动并办理了税务登记的各种纳税人领购使用，未办理税务登记的纳税人也可以向税务机关申请领购使用普通发票。

4.纳税申报

纳税申报是指纳税人、扣缴义务人在发生法定纳税义务后，按照税法或税务机关相关行政法规所规定的内容，在申报期限内，以书面形式向主管税务机关提交有关纳税事项及应缴税款的法律行为。

4.1 纳税申报的方式。

（1）直接申报。

纳税人或扣缴义务人直接到税务机关进行申报。根据申报的地点不同，直接申报又可分为直接到办税服务厅申报、到巡回征收点申报和到代征点申报三种。直接申报是一种传统的申报方式。

（2）邮寄申报。

纳税人将纳税申报表及有关纳税资料以邮寄的方式送达税务机关。具体做法如下：纳税人自行或者委托税务代理人核算应纳税款，填写纳税申报表（对于自核自缴的纳税人还应填写缴款书并到银行缴纳税款）在法定的申报纳税期内使用纳税申报专用信封将纳税申报表及有关资料送邮政部门交寄，或者由投递员上门收寄，以交寄时间为申报时间；邮政部门将邮寄申报信件以同城邮政特快的方式送交税务机关；税务机关打印完税凭证，以挂号信的形式寄回纳税人（自核自缴纳税的除外）。

（3）数据电文申报。

纳税人将纳税申报表及其有关资料所列的信息通过计算机网络传送给税务机关。电子申报主要有三种方式：微机申报、专用报税机申报、电话申报。

（4）其他方式。

实行定期定额纳税的纳税人，可以采用简易申报、简并征期等方式申报税款。

4.2 纳税申报的其他规定。

（1）纳税人享受减税、免税待遇的，在减、免税期间应当按照规定办理纳税申报。

（2）纳税人在纳税期内没有应纳税款的，也应当按规定办理纳税申报。

（3）纳税人到税务机关办理纳税申报有困难的，经税务机关批准，可以邮寄申报。邮寄申报的，以寄出地邮戳日期为实际申报日期。

（4）纳税人、扣缴义务人按照规定的期限办理纳税申报或者代扣代缴、代收代缴税款报告表确有困难需要延期的，应当在规定的期限内向税务机关提出书面申请，经税务机关核准，可以延期，并在核准的期限内办理。

（5）纳税人、扣缴义务人因不可抗力，不能按期办理纳税申报或者报送代扣代缴、代收代缴税款报告的，可以延期办理。但是，应当在不可抗力情形消除后立即向税务机关报告。

任务二　税款征收

情境导入

在师傅的帮助下，小张同学初步了解了税务登记管理、账簿和凭证管理、纳税申报三个方面的相关知识。在纳税申报环节中，小张发现，有的公司采用的是查账征收方法计算税额，有的公司则采用定期定额征收的方法计算税额，这是为什么呢？带着疑问，小张决定认真学习有关税款征收方面的知识。

1.税款征收的概念

税款征收是税收征管的核心内容和中心环节。它是指税务机关依法征收税款，纳税人、扣缴义务人依法缴纳或者解缴税款的一项法定手续，是征管工作的重点。

2.税款征收的方式

税款征收方式是指税务机关根据各税种的不同特点、征纳双方的具体条件而确定的计算征收税款的方法和形式。税款征收的方式主要有：

（1）查账征收。

查账征收是指税务机关按照纳税人提供的账表所反映的经营情况，依照适用税率计算缴纳税款的方式。这种方式一般适用于财务会计制度较为健全，能够认真履行纳税义务的纳税单位。

（2）查定征收。

查定征收是指税务机关根据纳税人的从业人员、生产设备、采用原材料等因素，对其生产的应税产品查实核定产量、销售额并据以征收税款的方式。这种方式一般适用于生产规模较小、产品零星、税源分散、账册不够健全，但是能够控制原材料或进销货的小型厂矿和作坊。

（3）查验征收。

查验征收是指税务机关对纳税人应税商品，通过查验数量，按市场一般销售单价计算其销售收入并据以征税的方式。这种方式一般适用于纳税人财务不健全，生产经营不固定，零星分散、流动性大的纳税人。

（4）定期定额征收。

定期定额征收是指税务机关通过典型调查，逐户确定营业额和所得额并据以征税的方式。这种方式一般适用于生产规模小，达不到设置账簿标准，不能准确计税的个体工商户。

（5）委托代征税款。

委托代征税款是指税务机关委托代征人以税务机关的名义征收税款，并将税款缴入国库的方式。这种方式一般适用于小额、零散税源的征收。

（6）邮寄纳税。

邮寄纳税是一种新的纳税方式。这种方式主要适用于那些有能力按期纳税，但采用其他方式纳税又不方便的纳税人。

（7）其他方式。

如利用网络申报、用IC卡纳税等方式。

3.税款征收的措施

为保证顺利征收税款，税务机关在税款征收过程中可以根据不同的情况采取相应的措施，主要包括6种措施：

（1）由税务机关核定、调整应纳税额，包括以下情形：

①依法可以不设置账簿的；

②依法应当设置但未设置账簿的；

③擅自销毁账簿或者拒不提供纳税资料的；

④虽设置账簿，但账目混乱或者成本资料、收入凭证、费用凭证残缺不全，难以查账的；

⑤发生纳税义务，未按照规定的期限办理纳税申报，经税务机关责令限期申报，逾期仍不申报的；

⑥纳税人申报的计税依据明显偏低，又无正当理由的。

（2）责令缴纳，加收滞纳金。

①纳税人未按规定期限缴纳税款的，扣缴义务人未按规定期限解缴税款的，税务机关可责令限期缴纳，并从滞纳税款之日起，按日加收滞纳税款万分之五的滞纳金。

②对未按规定办理税务登记的从事生产、经营的纳税人，以及临时从事经营的纳税人，由税务机关核定其应纳税额，责令缴纳；不缴纳的，税务机关可以扣押其价值相当于应纳税款的商品、货物。扣押后缴纳应纳税款的，税务机关必须立即解除扣押，并归还所扣押的商品、货物；扣押后仍不缴纳应纳税款的，经县以上税务局（分局）局长批准，依法拍卖或变卖所扣押的商品、货物，以拍卖或变卖所得抵缴税款。

③加收滞纳金的起止时间，为法律、行政法规规定或者税务机关依照法律、行政法规的规定确定的税款缴纳期限届满次日起至纳税人、扣缴义务人实际缴纳或者解缴税款之日止。

（3）责令提供纳税担保。

适用纳税担保的情形有：

①税务机关有根据认为从事生产、经营的纳税人有逃避纳税义务行为，在规定的纳税期之前经责令其限期缴纳应纳税款，在限期内发现纳税人有明显的转移、隐匿其应纳税的商品、货物以及其他财产或者应纳税收入的迹象，责成纳税人提供纳税担保的；

②欠缴税款、滞纳金的纳税人或者其法定代表人需要出境的；

③纳税人同税务机关在纳税上发生争议而未缴清税款，需要申请行政复议的；

④税收法律、行政法规规定可以提供纳税担保的其他情形。

纳税担保的范围包括税款、滞纳金和实现税款、滞纳金的费用。用于纳税担保的财产、权利的价值不得低于应当缴纳的税款、滞纳金，并考虑相关的费用。

（4）采取税收保全措施。

税务机关责令具有税法规定情形的纳税人提供纳税担保而纳税人拒绝提供纳税担保或无力提供纳税担保的，经县以上税务局（分局）局长批准，税务机关可以采取下列税收保全措施：

①书面通知纳税人开户银行或者其他金融机构冻结纳税人的金额相当于应纳税款的存款。

②扣押、查封纳税人的价值相当于应纳税款的商品、货物或者其他财产。

个人及其所扶养家属维持生活必需的住房和用品，不在税收保全措施的范围之内。个人及其所扶养家属维持生活必需的住房和用品不包括机动车辆、金银饰品、古玩字画、豪华住宅或者一处以外的住房。税务机关对单价5 000元以下的其他生活用品，不采取税收保全措施。

（5）采取强制执行措施。

从事生产、经营的纳税人、扣缴义务人未按照规定的期限缴纳或者解缴税款，纳税担保人未按照规定的期限缴纳所担保的税款，由税务机关责令限期缴纳，逾期仍未缴纳的，经县以上税务局（分局）局长批准，税务机关可以采取下列强制执行措施：

请注意　　　税收保全和强制执行的区别。

①书面通知其开户银行或者其他金融机构从其存款中扣缴税款；

②扣押、查封、依法拍卖或者变卖其价值相当于应纳税款的商品、货物或者其他财产，以拍卖或者变卖所得抵缴税款。

税务机关采取强制执行措施时，对滞纳金同时强制执行。个人及其所扶养家属维持生活必需的住房和用品，不在强制执行措施的范围之内。

（6）阻止出境。

欠缴税款的纳税人或其法定代表人在出境前未按规定结清应纳税款、滞纳金或者提供纳税担保的，税务机关可以通知出境管理机关阻止其出境。

4.税款的追缴与退还

（1）税款的追缴。

《税收征管法》第五十二条规定："因税务机关的责任，致使纳税人、扣缴义务人未缴或者少缴税款的，税务机关在3年内可要求纳税人、扣缴义务人补缴税款，但是不得加收滞纳金。

因纳税人、扣缴义务人计算错误等失误，未缴或者少缴税款的，税务机关在3年内可以追征税款、滞纳金；有特殊情况的，追征期可以延长到5年。

对偷税、抗税、骗税的，税务机关追征其未缴或者少缴的税款、滞纳金或者所骗取的税款，不受前款规定期限的限制。"

上述《税收征管法》中所称的"特殊情况"，是指纳税人或者扣缴义务人因计算等失误，未缴或者少缴、未扣或者少扣、未收或者少收税款，累计数额在10万元以上的。

（2）税款的退还。

税务机关发现多缴税款的应当自发现之日起10日内办理退还手续。纳税人自结算缴纳税款之日起3年内发现的，可以向税务机关要求退还多缴的税款并加算银行同期存款利息，税务机关及时查实后应当立即退还。

任务三　　　　　　　　　　税务检查

情境导入

小张同学在税务代理公司实习期间，正巧遇到税务局的常规税务检查，公司的领导和工作人员接到通知之后，紧锣密鼓地准备各种材料。小张很好奇：税务局都检查哪些项目？我们需要提供哪些材料？这些材料有什么要求？……为了解答这些疑问，他需要了解税务检查的类型和税务检查的职责等相关知识。

1.税务检查的概念和意义

税务检查又称纳税检查，它是税收管理的重要组成部分，是税务机关征管中的基本权力。它是税务机关依照国家税收法规的规定，对纳税人、扣缴义务人履行纳税义务和代收、代扣义务的情况进行检查监督的一种手段。税务检查有利于贯彻执行国家的税收法律、行政法规及其有关政策；有利于税款足额入库，保证国家的财政收入；有利于纠正违法行为，使纳税人增强法制观念；有利于端正纳税人的经营方向，帮助纳税人改善经营管理，提高管理水平。

2.税务检查的类型

税务检查主要包括：重点检查、专项检查、分类检查、集中检查、临时检查。

3.税务检查的职责

税务机关有权进行下列税务检查：

（1）检查纳税人的账簿、会计凭证、报表和有关资料，检查扣缴义务人代扣代缴、代收代缴税款账簿、记账凭证和有关资料。

（2）到纳税人的生产、经营场所和货物存放地检查纳税人应纳税的商品、货物或者其他财产，检查扣缴义务人代扣代缴、代收代缴税款的有关文件、证明材料和有关资料。

（3）责成纳税人、扣缴义务人提供与纳税或者代扣代缴、代收代缴税款有关的文件、证明资料和有关资料。

（4）询问纳税人、扣缴义务人与纳税或者代扣代缴、代收代缴税款有关的问题和情况。

（5）到车站、码头、机场、邮政、企业及其分支机构检查纳税人的托运、邮寄、应税商品、货物或者其他财产的有关单据凭证和资料。

（6）经县以上税务局（分局）局长批准，凭全国统一格式的检查存款账户许可证明，查询从事生产、经营的纳税人、扣缴义务人在银行或者其他金融机构的存款账户。税务机关在调查税收违法案件时，经设区的市、自治州以上税务局（分局）局长批准，可以查询案件涉嫌人员的储蓄存款。税务机关查询所获得的资料，不得用于税收以外的用途。

税务机关对纳税人以前纳税期的纳税情况进行检查时，发现纳税人有逃避纳税义务的行为，并有明显的转移隐匿其应纳税的商品、货物、其他财产或者应纳税收入的迹象的，可以按照批准权限采取税收保全措施或者强制执行措施。这里的批准权限是指县级以上的税务局（分局）局长批准。

税务机关调查税务违法案件时，对与案件有关的情况和资料，可以记录、录音、录像、照相和复制。

税务人员进行税务检查时，应当出示税务检查证和税务检查通知书；无税务检查证和税务检查通知书的，纳税人、扣缴义务人和其他当事人有权拒绝检查。

<table>
<tr><td>任务四</td><td>税收法律责任的界定</td></tr>
</table>

情境导入

　　税务局的常规检查结束之后，税务代理公司的领导召集全体工作人员举行了一次座谈，座谈的主要议题就是针对检查中发现的问题，提出整改的意见。座谈中，小张同学进一步认识到只有熟知税收法律责任等相关知识，才能杜绝违规操作现象的发生，从而避免给公司带来不必要的损失。

1.税收法律责任概述

　　税收法律关系主体违反税法规定的义务而应承担的法律后果，包括纳税主体应承担的法律责任和征税主体应承担的法律责任。税收法律责任的形式包括：

　　（1）民事法律责任形式。主要是退还和赔偿，如税务机关追征税款，加收滞纳金；纳税人要求退回多征税款，赔偿额外损失等。

　　（2）行政法律责任形式。税务机关对违反税法的纳税人罚款；追究征纳双方直接责任人员行政责任等。

　　（3）刑事法律责任形式。税收法律关系主体违反税法，情节严重，构成犯罪的，由司法机关依法对有关当事人进行刑事处罚。

　　从原则上说，当有责任能力和纳税义务或征税义务的法人或个人违反税法，给国家造成损失时，都要承担税收法律责任。

2.税收法律责任的主要内容

　　根据我国税法规定，不同税法主体的权利义务不同，因此其违法应承担的税收法律责任也不同，大致可分四种情况：纳税人的法律责任、扣缴义务人的法律责任、税务人员和税务机关的法律责任及其他税务当事人的法律责任。

　　2.1　纳税人的税收法律责任

　　（1）违反税务管理有关规定的行为及其法律责任。根据《税收征管法》，纳税人违反税务管理规定的行为主要有以下几种：

　　①不按照规定的期限申报办理、变更或者注销登记；

　　②不按照规定设置、保管账簿或者保管记账凭证和有关资料；

　　③不按照规定将财务、会计制度或者财务、会计处理办法和会计核算软件报送税务机关备查；

　　④不按规定将其全部银行账号向税务机关报告；

　　⑤不按照规定安装、使用税控装置，或者损毁或擅自改动税控装置；

　　⑥不办理税务登记；

　　⑦不按照规定使用税务登记证件，或者转借、涂改、损毁、买卖、伪造税务登记证件；

　　⑧逃避、拒绝或者以其他方式阻挠税务机关的税务检查。

　　纳税人的第一至第五种违法行为，由税务机关责令限期改正，可以处2 000元以下的罚款；情节严重的，处2 000元以上1万元以下的罚款。纳税人的第六种违法行为，税务机关责令限期改正；逾期不改正的，经税务机关提请，由工商行政管理机关吊销营业执照。纳税人的第七种违法行为，由税务机关处以2 000元以上1万元以下的罚款，情节严重的，处1万元以上5万元以下罚款。纳税人的第八种违法行为，由税务机关责令改正，可以处1万元以下的罚款；情节严重的，处1万元以上5万元以下的罚款。

　　（2）违反税款征收规定的行为及其法律责任。

　　①违反纳税申报规定的行为及其法律责任。根据《税收征管法》的规定，纳税人未按规定的期限办理纳税申报和报送纳税资料的，由税务机关责令限期改正，可以处2 000元以下的罚款；情节严重的，可以处2 000元以上1万元以下的罚款。纳税人不如实纳税申报，不缴或者少缴应纳税款的，由税务机关追缴其不缴或者少缴的税款、滞纳金，并处不缴或者少缴的税款50%以上5倍以下的罚款。

　　②偷税行为及其法律责任。偷税，是指纳税人伪造、变造、隐匿、擅自销毁账簿、记账凭证，或者在账簿上多列支出或者不列、少列收入，或者经税务机关通知申报而拒不申报或者进行虚假的纳税申报，不缴或者少缴应纳税款的行为。《税收征管法》规定，纳税人偷税的，由税务机关追缴其不缴或者少缴的税款、滞纳金，并处不缴或者少缴的税款50%以上5倍以下的罚款；构成犯罪的，依法追究刑事责任。

　　③逃避追缴欠税的行为及其法律责任。纳税人欠缴应纳税款，采取转移或者隐匿财产的手段，妨碍税务机关追缴欠缴的税款的，由税务机关追缴欠缴的税款、滞纳金，并处欠缴税款50%以上5倍以下的罚款；构成犯罪的，依法追究刑事责任。

　　④骗取出口退税的行为及其法律责任。以假报出口或者其他欺骗手段，骗取国家出口退税款的，由税务机关追缴其骗取的退税款，并处骗取税款1倍以上5倍以下的罚款；构成犯罪的，依法追究刑事责任。此外，对骗取国家出口退税款的，税务机关可以在规定期间内停止为其办理出口退税。

　　⑤抗税行为及其法律责任。以暴力、威胁方法拒不缴纳税款的，是抗税。纳税人抗税的，除由税务机关追缴其拒缴的税款、滞纳金外，依法追究刑事责任。情节轻微，未构成犯罪的，由税务机关追缴其拒缴的税款、滞纳金，并处拒缴税款1倍以上5倍以下的罚款。

　　⑥逾期未缴纳税款行为及其法律责任。纳税人在规定期限内不缴或者少缴应纳税款，经税务机关责令限期缴纳，逾期仍未缴纳的，税务机关除依法采取强制执行措施追缴其不缴或者少缴的税款外，可以处不缴或者少缴的税款50%以上5倍以下的罚款。

　　（3）其他违法行为及其法律责任。具体内容如下：

　　①违法而拒不接受处理的行为及其法律责任。纳税人有税收违法行为而拒不接受税务机关处理的，税务机关可以收缴其发票或者停止向其发售发票。

　　②编造虚假计税依据的行为及其法律责任。纳税人编造虚假计税依据的，由税务机关责令限期改正，并处5万元以下的罚款。

　　③行贿行为及其法律责任。纳税人向税务人员行贿，不缴或者少缴应纳税款的，依照刑法的有关规定处罚。

　　2.2　扣缴义务人的税收法律责任

　　依税法规定，负有代扣代缴、代收代缴税款义务的扣缴义务人，其违法应承担的税收法律责任主要有以下几种情形：

（1）违反税款征收管理规定的行为及其法律责任，其中包括：

①未按照规定的期限向税务机关报送代扣代缴、代收代缴税款报告表和有关资料的，由税务机关责令限期改正，可以处2 000元以下的罚款；情节严重的，可以处2 000元以上1万元以下的罚款。

②采用与纳税人偷税的同样手段，不缴或者少缴已扣、已收税款的，由税务机关追缴其不缴或者少缴的税款、滞纳金，并处不缴或者少缴的税款50%以上5倍以下的罚款；构成犯罪的，依法追究刑事责任。

③在规定期限内不缴或者少缴应解缴的税款，经税务机关责令限期缴纳，逾期仍未缴纳的，税务机关除依法采取强制执行措施追缴其不缴或者少缴的税款外，可以处不缴或者少缴的税款50%以上5倍以下的罚款。

④应扣未扣、应收而不收税款的，由税务机关向纳税人追缴税款，对扣缴义务人处应扣未扣、应收未收税款50%以上3倍以下的罚款。

（2）其他违法行为及其法律责任，其中包括：

①未按照规定设置、保管代扣代缴、代收代缴税款账簿或者保管代扣代缴、代收代缴税款记账凭证及有关资料的，由税务机关责令限期改正，可以处2 000元以下的罚款；情节严重的，处2 000元以上5 000元以下的罚款。

②扣缴义务人逃避、拒绝或者以其他方式阻挠税务机关检查的，由税务机关责令改正，可以处1万元以下的罚款；情节严重的，处1万元以上5万元以下的罚款。

③编造虚假计税依据的，由税务机关责令限期改正，并处5万元以下的罚款。

④有税收违法行为而拒不接受税务机关处理的，税务机关可以收缴其发票或者停止向其发售发票。

2.3　税务人员与税务机关的税收法律责任

（1）徇私舞弊或玩忽职守行为及其法律责任，具体情况有：

①税务人员徇私舞弊的，对依法应当移交司法机关追究刑事责任的不移交，情节严重的，依法追究刑事责任。

②税务人员徇私舞弊或者玩忽职守，不征或者少征应征税款，致使国家税收遭受重大损失，构成犯罪的，依法追究刑事责任；尚不构成犯罪的，依法给予行政处分。

（2）滥用职权行为及其法律责任，具体情况有：

①税务机关、税务人员查封、扣押纳税人个人及其所抚养家属维持生活必需的住房和用品的，责令退还，并依法给予行政处分；构成犯罪的，依法追究刑事责任。

②税务人员滥用职权，故意刁难纳税人、扣缴义务人的，调离税收工作岗位，并依法给予行政处分。

③违反法律、行政法规的规定，擅自做出税收的开征、停征或者减税、免税、退税、补税以及其他同税收法律、行政法规相抵触的决定的，除依法撤销其擅自做出的决定外，补征应征未征税款，退还不应征收而征收的税款，并由上级机关追究直接负责的主管人员和其他直接责任人员的行政责任；构成犯罪的，依法追究刑事责任。

④税务机关违反规定擅自改变税收征收管理范围和税款入库预算级次的，责令限期改正，对直接负责的主管人员和其他直接责任人员依法给予降级或者撤职的行政处分。

（3）受贿行为及其法律责任。税务人员利用职务上的便利，收受或者索取纳税人、扣缴义务人财物或者谋取其他不正当利益，构成犯罪的，依法追究刑事责任；尚不构成犯罪的，依法给予行政处分。

（4）打击报复行为及其法律责任。税务人员对控告、检举税收违法违纪行为的纳税人、扣缴义务人以及其他检举人进行打击报复的，依法给予行政处分；构成犯罪的，依法追究刑事责任。

（5）其他违法行为及其法律责任，具体情况有：

①勾结、唆使或者协助纳税人、扣缴义务人从事违法活动，构成犯罪的，依法追究刑事责任；尚不构成犯罪的，依法给予行政处分。

②在征收税款或者查处税收违法案件时，未按照税法规定进行回避的，对直接负责的主管人员和其他直接责任人员，依法给予行政处分。

③未依法为纳税人、扣缴义务人、检举人保密的，对直接负责的主管人员和其他直接责任人员，由所在单位或者有关单位依法给予行政处分。

④私分扣押、查封的商品、货物或者其他财产的行为及处罚。税务人员私分扣押、查封的商品、货物或者其他财产的，必须责令退回并给予行政处分；情节严重，构成犯罪的，移交司法机关依法追究刑事责任。

2.4　其他税务当事人的税收法律责任

（1）未经税务机关依法委托征收税款的，责令退还收取的税款，依法给予行政处分或者行政处罚；致使他人合法权益受到损失的，依法承担赔偿责任；构成犯罪的，依法追究刑事责任。

（2）纳税人、扣缴义务人的开户银行或者其他金融机构拒绝接受税务机关依法检查纳税人、扣缴义务人存款账户，或者拒绝执行税务机关作出的冻结存款或者扣缴税款的决定，或者在接到税务机关的书面通知后帮助纳税人、扣缴义务人转移存款，造成税款流失的，由税务机关处10万元以上50万元以下的罚款，对直接负责的主管人员和其他直接责任人员处1 000元以上1万元以下的罚款。

（3）《中华人民共和国税收征收管理法实施细则》规定，税务代理人超越代理权限，违反税收法律、行政法规，造成纳税人未缴或者少缴税款的，除由纳税人缴纳应纳税款、滞纳金外，对税务代理人处以2 000元以下的罚款。

（4）非法印制发票的，由税务机关销毁非法印制的发票，没收违法所得和作案工具，并处1万元以上5万元以下的罚款；构成犯罪的，依法追究刑事责任。

3.税务行政复议与诉讼

（1）税务行政复议。

税务行政复议是指纳税人对税务机关及其工作人员的具体行政行为不服，依法向上一级税务机关提出申诉，请求上一级税务机关予以纠正；上一级税务机关根据纳税人的申请，对引起争议的下级机关的具体行政行为进行审议，并依法做出维持、变更、撤销原具体行政行为或者责令下级税务机关补正。税务行政复议是纳税人的一项重要权利。

纳税人及其他当事人对税务机关做出的征税行为和不予审批减免税或者出口退税、不予抵扣税款、不予退还税款行为不服的，应当先向复议机关申请行政复议，对行政复议决定不服，可以再向人民法院提起行政诉讼。对税务机关做出的其他具体行政行为不服的，可以先申请行政复议,对复议决定不服的,再向人民法院提起诉讼,也可以直接向人民法院提起诉讼。

申请人申请行政复议,可以书面申请,也可以口头申请,口头申请的,复议机关应当当场记录申请人的基本情况、行政复议请求以及申请行政复议的主要事实、理由和时间。

复议机关对被申请人做出的具体行政行为所依据的事实证据、法律程序、法律依据及设定的权利义务内容之合法性、适当性进行全面审查,根据不同情况作出行政复议决定。

(2) 税务行政诉讼。

纳税当事人不服税务行政复议决定的,可以在收到复议决定书之日起15日内向人民法院提起诉讼。复议机关逾期不作决定的,申请人可以在复议期满之日起15日内向人民法院提起诉讼。纳税当事人直接向人民法院提起诉讼的,应当在知道做出具体行政行为之日起3个月内提出。纳税当事人因不可抗力或者其他特殊情况耽误法定期限的,在障碍消除后的10日内,可以申请延长期限,由人民法院决定。

人民法院经过审理,根据不同情况,分别做出不同判决。

思考题

1. 税务登记的种类有哪些?
2. 我国发票的种类有哪些?请举例说明。
3. 核定征收的适用范围有哪些?
4. 税务检查的职责有哪些?

实训题

某税务机关2017年9月20日在实施税务检查中发现辖区内某服装厂自2017年5月5日办理工商营业执照以来,一直没有办理税务登记证,也没有申报纳税,根据检查情况,该企业应纳税款25 000元。

请分析税务机关对该企业的违法行为应如何处理。

主要参考文献

［1］财政部、国家税务总局〔2016〕第36号.《国家税务总局关于全面推开营业税改征增值税试点的通知》.

［2］中华人民共和国国务院令〔2008〕第538号.《中华人民共和国增值税暂行条例》.

［3］财政部、国家税务总局令〔2008〕第50号.《中华人民共和国增值税暂行条例实施细则》.

［4］中华人民共和国国务院令〔2008〕第539号.《中华人民共和国消费税暂行条例》.

［5］财政部、国家税务总局令〔2008〕第51号.《中华人民共和国消费税暂行条例实施细则》.

［6］中华人民共和国主席令〔2007〕第63号.《中华人民共和国企业所得税法》.

［7］中华人民共和国国务院令〔2007〕第512号.《中华人民共和国企业所得税法实施条例》.

［8］中华人民共和国国务院令〔2011〕第600号.《国务院关于修改〈中华人民共和国个人所得税法实施条例〉的决定》.

［9］中国注册会计师协会. 税法［M］. 北京：经济科学出版社，2016.

［10］苏喜兰. 税务会计教程［M］. 上海：立信会计出版社，2016.

［11］财政部会计资格评价中心. 经济法基础［M］. 北京：中国财政经济出版社，2011.

［12］上海国家会计学院. 税收政策与税收筹划［M］. 北京：经济科学出版社，2011.

［13］计金标. 税收筹划［M］. 4版. 北京：中国人民大学出版社，2016.

［14］吕献荣. 税收实务［M］. 北京：清华大学出版社，2011.

［15］裴淑，李军. 纳税申报实务［M］. 北京：化学工业出版社，2010.

［16］鲁孟琳. 税收实务［M］. 北京：中国劳动社会保障出版社，2016.

［17］李克娇，倪秀英. 税法［M］. 4版. 北京：北京大学出版社，2016.